賢く稼ぐコツがわかる！

株のはじめ方

日根野健・足立武志 著

ナツメ社

好調な企業業績に伴い株価も上昇！

リーマンショック前を超えた10年だった！

日経平均株価はリーマンショック前を超えた

2007年頃、日経平均株価はバブル崩壊から立ち直り、18,000円台にまで回復していました。ところがサブプライムローン問題に端を発し、リーマンショックが起こって日経平均株価は大きく下がりました。リーマンショック

上場企業の利益の推移

2007年度からの上場企業の親会社株主に帰属する当期純利益の推移（出所：東京証券取引所 2017年度決算短信集計【連結】《合計》（市場第一部・市場第二部・マザーズ・JASDAQ）より）

直後の2008年10月28日には、6,994円90銭まで暴落しました。

その後、東日本大震災も乗り越えて、日経平均株価は着実に上昇し、2018年には24,000円台を回復しました。10年で3倍以上の上昇です。ところが2019年にかけて一時20,000円を割るなど、日経平均株価は停滞し始め、市場に不安心理が広がりつつあります。

企業業績が大きく伸びた

10年で3倍という株価上昇は、単なる偶然ではなく、企業業績の裏付けがありました。==株価は企業業績（利益）と相関関係があり、業績が良くなれば株価も上がります==。

リーマンショック前の2007年度、上場企業の利益は合計22.3兆円でした。翌年にはこれが1.2兆円まで減少しました。しかし、10年の歳月をかけて回復を遂げ、2017年度には37.5兆円になりました。リーマンショック前の利益を約15兆円も上回るに至ったのです。

==株価の上昇は、経営者と従業員が、自分たちの顧客を満足させるために必死で考え、努力し、業績が改善したことの結果です==。景気は循環しますから、ときには企業業績が悪化し株価が下落することもあります。しかし長い目で見れば、企業が懸命な努力を続けることで、より大きな利益と株価上昇を実現することが可能です。

- 全体的に企業業績と株価が上昇傾向にある！
- 初心者でも億万長者になるチャンスが溢れている!!

だから株がおすすめ!!

伝統的な企業が飛躍

注目すべきは
海外展開する企業

伝統的な企業が海外に注力

　この10年で多くの上場企業の業績が大きく伸びたのですが、なかでも社歴の長い伝統的な企業に大きな変化がありました。

　アサヒグループホールディングス、花王、ユニ・チャームなど日本国内でのトップブランドが、その地位に甘んじることなく広大な海外市場にチャレンジし、**売上高全体に占める海外売上の割合が徐々に、しかし着実に高まっています**。また、海外展開当初は赤字だった事業も黒字転換し、国内よりも海外の方が高い収益力を誇る企業も出てきています。

　もちろん、大きな成果が出るまでの基盤を作る努力を、もっと長い期間積

伝統的企業の海外売上の推移

	2007年度	2018年度
アサヒグループ ホールディングス（2502）	10%未満のため非開示	7191億円（33.9%）
花王（4452）	3687億円（28.0%）	5685億円（37.7%）
ユニ・チャーム（8113）	1243億円（36.9%）	4087億円（59.4%）

※海外売上の金額は主に所在地別セグメント情報より
　（　）内は、全社売上に対する海外売上割合

み重ねてきたのですが、それが実って成果として現れた10年だったのです。

豊かになっていくアジア市場が近い

　各企業の努力もさることながら、==アジア市場は人口の増加により、様々な商品・サービスへの需要が増加しています==。それだけでなく、一人一人が豊かになって、昔よりも少しずつ良い暮らしができるようになっています。その結果、これまでよりも高単価な商品・サービスが多く消費されるようになっています。このような成長市場が、日本のすぐ近くに存在していることは、大変な幸運でした。

　地の利を活かして海外市場に挑戦する企業は、これから10年、20年と長きにわたって成長していくことが期待できます。そのような日本企業を間近に感じ、株主として株式投資できるのは、投資家としてとても幸運なことです。

世界で展開している企業は狙い目

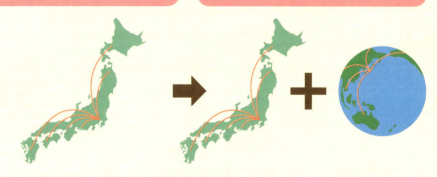

- 需要の伸び悩む国内ではなく購買力の高い海外に展開する企業は初心者にもおすすめ

新たなビジネスチャンスをつかむベンチャー企業が続出

初心者でも知識を活かして
先行者をリードできる!!

ベンチャー企業、中小企業が大躍進

例えば「ソフトバンクグループ（9984）」は、ベンチャー企業から始まり、売上高が9兆円を超える巨大な企業へと成長を遂げました。ソフトバンクグループだけではなく、この10年間で多くのベンチャー企業が新たなサービスを生み出し、普及させ、私たちの生活をより豊かにしてくれています。中小企業の中からも、新たな商品・サービスを生み出す企業がたくさん現れました。

社会は確実に変化しています。技術革新、価値観の変化、人口構成の変化などが起こります。変化があれば、そこにビジネスチャンスが生まれます。この変化をうまく捉え、対応できた企業は大きく成長することができました。一方で、もちろん、変化に対応できずに淘汰されていった企業もあります。

自分の知識を活かせる場で戦う

前述のソフトバンクグループのように、小さなベンチャー企業から一大企業へと発展した例は事欠きません。近年ではスマートフォンの普及によりインターネットがより多くの人の生活の中に浸透したこともあり、それに関連したウェブサービス等を提供する企業の躍進には目覚ましいものがあります。

企業のビジネスモデルや将来を見通すというととてもむずかしいことのように思えるかもしれません。しかし、それが例えばあなたの大好きなゲームアプリを提供している会社だったらどうでしょうか？　その会社がライバル会社と比べてどんな優位性を持っているか、業界での立ち位置はどうかなど

を推測するのは容易ではないでしょうか。

これから株式投資を始める初心者だからといって、尻込みをすることはありません。==自分の知識が及ぶ範囲で投資をすることで、始めたばかりのビギナー投資家でも戦えるチャンスは十分にある==のです。

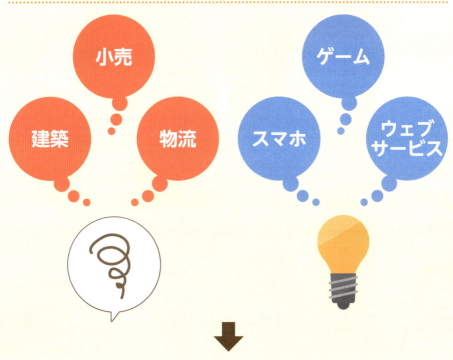

初心者でも得意分野を活かして稼げる!!

- 従来にはなかった様々なサービスを提供する企業が増えている
- 自分の知識のある業界に投資することが勝ちにつながる
- 自分の趣味や仕事で得た知識を活かせる業界を探そう

なにより株を楽しもう

株で勝つ人、負ける人
その違いはどこにある？

勝つ人は自分なりの投資基準がある

株価はめまぐるしく変動するので、将来を予測するのは困難です。推奨銘柄になんとなく手を出すなど場当たり的な判断では、株価や耳より情報に振り回されるだけです。株で勝つためには、自分なりの投資基準が必要です。

❶投資期間を決める

投資基準は、想定する投資期間によって異なります。勝つ人はまず投資期間を決め、それに適した投資基準を見つけます。

❷自分で考えた投資基準を持っている

最初はみんな、見よう見まねで株式投資を始めます。ただ、他人の売買をまねするだけでは、自分の投資基準を作れません。勝つ人は、他人のまねをしながらも、どのような投資基準でその銘柄を選んだのか、という根拠を深く考えます。それを理解し、自分なりに納得した投資基準を持つことで、腰の据わった投資ができるようになります。

株を楽しむ

「稼ぎたい」という一心で株式投資をするのもひとつのスタイルではありますが、初心者のみなさんが最初から「勝つぞ！」と意気込んでも、なかなか思うようにいかないというのもまた事実ではあります。

勝ちたいあまりに、一気に全財産をつぎ込んでしまったり、ビギナーズラックで勝てたのをいいことに無策で相場に突っ込んでいくようでは、株式市場を退場する日はそう遠くはないでしょう。実は、お金のことしか考えてい

ない」というのは負ける投資家の特徴でもあるのです。
　株で勝つ人は、株式投資を楽しんでいます。短期投資家は、値動きの分析や他の投資家心理を読み取るのが好きです。一方長期投資家は、長期的に成長するポテンシャルのある企業を発掘するのが好きです。
　株式投資は、投資家がこれまでの人生で培ってきた知識や経験、価値観、人格などが問われる、知の総合格闘技です。この株式投資の魅力に気づき、楽しむことが、勝利への第一歩といえるでしょう。

勝つ人の特徴を抑えてしっかり稼ごう!!

	勝つ人	負ける人
投資期間	長期か短期か決めている	ぼんやりしている
投資をしながら	次にどうすべきか考えている	考えずにとっかえひっかえ人のまねをしている
投資基準	明確 投資基準の根拠を理解している	不明確で、場当たり的 他人のまねだけで 自分で考えたものはない
株式投資が	好き 楽しい	好きではない 儲かれば何でもいい

勝つ人の特徴は…

- 投資期間、基準など自分のスタイルをしっかりと確立している
- 他人に乗っかるのではなく、自分で考えて行動している
- お金のためだけではなく株を楽しんで投資している

ライフスタイルと性格に合った投資スタイルを
あなたにぴったりな投資スタイルは？

投資基準には長期と短期がある

　株の購入から売却までの想定期間を長期投資（3年以上）とするか、短期投資（当日〜6か月程度）とするかによって、投資基準は異なります。

　長期投資は取引回数が少ない分、1回の取引で2倍、3倍の大きな利益を狙います。一方短期投資は取引回数が多い分、1回の取引では小さな利益で、取引回数を増やしトータルで大きな利益を狙います。**どちらを選ぶかによって、銘柄の選択方法や売買方法が全く異なります**。ですから、投資期間はとても大切な選択になります。これを意識せずに株式投資を始めてしまうと失敗し

それぞれのスタイルの特徴

	長期投資	短期投資
購入してから売却するまでの期間	3年以上	当日〜6か月
1回の取引で狙う利益	大きい	小さい
取引の回数	少ない	多い
重視するもの	企業のビジネス	株価の変動
分析対象	財務指標、決算書（ファンダメンタルズ）	株価チャート、需給動向、他の投資家の心理
向いてる人	ノンビリしている 日中、仕事がある人	せっかち 自由業の人
呼び方	ファンダメンタル投資	テクニカル投資

※投資期間を中期（6か月〜3年）と想定して、長期の手法と短期の手法を組み合わせる方法もある。

てしまいます。自分のライフスタイルや価値観に合うと思う方を選びましょう。

❶**長期投資は企業が好きなノンビリ派**

　長期投資は、投資してから成果が出るまで少なくとも3年以上かかります。毎日の株価変動よりも、3か月ごとに発表される決算内容や財務指標を重視します。企業のビジネスを理解して、それが伸びるかどうかを予想するので、ビジネスが好きな人に向いています。また、==働いていて平日の昼間に株価をチェックできないという人にも向いています==。

❷**短期投資は臨機応変せっかち派**

　短期投資は、日々の株価変動をチャートで分析したり、株式市場の需給動向を分析しながら、他の投資家の心理を読み取って行動します。また、好材料、悪材料などが出て値動きが激しくなった銘柄の波にうまく乗って、利益を稼ぎ出します。==株価を頻繁にチェックできる自由業の人に向いています==。

自分はどのスタイル向きか考えてみよう！

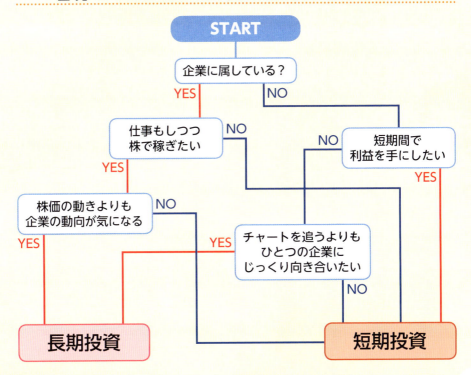

Contents

リーマンショック前を超えた10年だった！ ……………… 2

注目すべきは海外展開する企業 ……………………………… 4

初心者でも知識を活かして先行者をリードできる!! ……… 6

株で勝つ人、負ける人 その違いはどこにある？ ………… 8

あなたにぴったりな投資スタイルは？ ……………………… 10

第1章 これだけは知っていてほしい！基本のキ

01 株式投資って、いったいなに？ …………………………… 18

02 どんな企業の株式を買えるの？ …………………………… 20

03 値上がり益で儲けよう！ …………………………………… 22

04 「事実」と「期待」で株価が上がる ………………………… 24

05 将来を予想する時間軸には長短ある ……………………… 26

06 配当金や株主優待をもらおう！ …………………………… 28

07 株主総会で経営者に会おう ………………………………… 30

08 株主としての責任 …………………………………………… 32

Column 株主総会に出席してオーナーであることを実感 …… 34

第2章 実際に株を買って個人投資家になろう！

- 01 証券会社に口座を開くと、株を買える ……… 36
- 02 どんな証券会社があるの？ ……… 38
- 03 証券総合口座を開設してみよう！ ……… 40
- 04 特定口座、一般口座ってなに？ ……… 42
- 05 『会社四季報』で魅力ある企業を探そう ……… 44
- 06 いよいよ買い注文を出そう！ ……… 46
- 07 含み損益を見てみよう ……… 48
- 08 保有株を売ろう！ ……… 50
- 09 配当金は4種類の受け取り方がある ……… 52
- Column 上場をやめる企業も。なぜやめる？ ……… 54

第3章 チャートを使って、タイミング良く買おう！

- 01 「株価チャート」っていったいどんなもの？ ……… 56
- 02 「ローソク足」の意味を知ろう ……… 58
- 03 ローソク足の形でこんなことがわかる！ ……… 60
- 04 移動平均線ってなに？ ……… 62
- 05 チャートで「トレンド」を見極めよう ……… 64
- 06 移動平均線と株価からトレンドを見極める ……… 66

13

07	株価チャートで買い時を見つけよう	68
08	株価チャートで売り時を見つけよう	70
09	売買高の棒グラフはこう活用する！	72
10	損切りの必要性とチャートを用いた方法	74
練習問題1	売買のタイミングの原則を確認しよう	76
練習問題2	買いのタイミングを理解しよう	78
練習問題3	売りのタイミングを理解しよう	80
Column	「順張り」と「逆張り」	82

第4章 長期で上がる企業を見つけよう！（ファンダメンタルズ）

01	当期純利益に注目する	84
02	株式数ってなに？	86
03	利益は株主で平等に分け合う	88
04	PERは何倍？	90
05	未来のEPSが株価を決める	92
06	利益が増えていく企業とは？	94
07	国内で成長する市場って？	96
08	海外は人数×単価で拡大していく	98
09	ディフェンシブ株？ 景気循環株？	100
10	自己資本比率で不況への強さをチェック	102
練習問題1	事実か期待か……	104
練習問題2	日経平均株価に採用されると株価はどうなる？	106

練習問題3 日本国内で拡大を期待できる市場 ………… 108

Column テーマ株か、地味な株か ………… 110

第5章 売るべき？ 待つべき？ 売り時のポイント

01 **目標株価になったら売る** ………… 112

02 **業績に失望したら目標株価を下げる** ………… 114

03 **業績予想の修正への対応は？** ………… 116

04 **会社が倒産したら、株は売れるの？** ………… 118

05 **事故は買い、不祥事は売り** ………… 120

06 **TOBが行われたら、売り？** ………… 122

07 **株式分割で株価が急落したら、売り？** ………… 124

08 **自社株買いは売り？** ………… 126

09 **景気循環株は業績絶好調の時に売る** ………… 128

10 **外国人が売ったら、売り？** ………… 130

練習問題1 リスク管理のための売り ………… 132

練習問題2 株式分割すると株価はどうなる？ ………… 134

練習問題3 自社株買いって、どれくらい株価にプラス？ … 136

Column 割安か？ 成長か？ ………… 138

15

第6章 NISAを使って賢く節税しよう！

01	株式投資でかかる2種類の税金とは	140
02	特定口座でラクラク確定申告！	142
03	確定申告でムダを抑えよう	144
04	NISAで買った株は税金がかからない	146
05	NISAで株式投資・ここに注意	148
Column	NISAとつみたてNISA	150

第7章 オススメ株主優待

本書の内容をさらに理解を深める解説動画はこちら

▶マークのついている節に解説動画を用意しております。番号をご確認の上、ご覧ください。

https://e-actionlearning.com/kabu/

- 本書は株式投資の参考になる情報を目的としており、本書で取り上げている銘柄を著者および出版社が購入を推奨するものではありません。
- 本書掲載の情報に従ったことによる損害については、著者および出版社はいかなる責任も負いません。
- 投資は、あくまでも自分の判断で行ってください。

これだけは
知っていて
ほしい！
基本のキ

第1章

さあ始めよう、株式投資

株式投資って、いったいなに？

● 株式投資は企業の株主になること

株式は企業の株主であることの証です。株式を購入すれば、その企業の株主になります。例えば「トヨタ自動車（7203）」の株式を保有していれば、トヨタ自動車の株主です。上場企業は株式を発行していますが、企業によってその数は様々です。トヨタ自動車であれば、約32億6300万株の普通株式を発行しており、これを約52万人の投資家が所有しています（2018年3月末現在）。**それぞれの株主は、株主総会などを通して企業経営に参加しますから、企業の（部分的な）オーナーといえます。**

● 株主になる3つのメリット

❶値上がり益を得るチャンスがある

上場企業の株式は、株式市場で自由に売買できます。**買った値段より高く売れば、値上がり益を得られます。**値上がり益は、株式投資の醍醐味です。

❷配当金をもらえる

株主は「3月末の株主に1株当たり10円」というような配当金をもらえます。1年に1回配当する企業もあれば、2回以上配当する企業もあります。

❸株主優待をもらえる

株主優待は、お金以外の商品・サービスを株主が受け取るものです。時には非売品をもらえる企業もあります。企業には、自社の商品などを株主に知ってもらい、できるだけ長い間、株主でいてもらうという狙いがあります。

用語解説

配当金
株主総会等において「1株○円」と決定される。受け取り方は❶証券会社の口座に振り込んでもらう、❷銀行口座に振り込んでもらう、❸金融機関の窓口で現金でもらう、の3通り。

株主は企業の部分的なオーナー

株式とは、株式会社のオーナーとしての権利

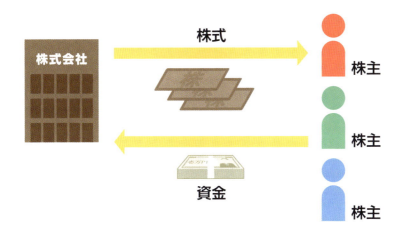

- 会社は株式を投資家に売ることで資金を募っている
- 株を買うということはその会社に活動資金を与えるということ
- 部分的に会社のオーナーになれる

購入した株式数に応じて

❶ 値上がり益を得るチャンス

❷ 配当金をもらえる

❸ 株主優待は、株式数に応じる場合と応じない場合がある

まとめ
株式を買えば、企業のオーナー（株主）になれる。オーナーだからこそ、値上がり益、配当金、株主優待で利益が得られる。

第1章　これだけは知っていてほしい！基本のキ

ずらりと並ぶ魅力的な企業
どんな企業の株式を買えるの？

● 証券取引所の審査を合格した上場企業

<mark>企業は上場する際、個人投資家が安心して株主になれるように、証券取引所の厳しい審査を受けます</mark>。事業内容は適切か、社内管理はしっかりとしているかなどがチェックされます。

上場企業の事業内容は、人々の幸せに貢献するものであり、多くの投資家から投資されるにふさわしいものでなければなりません。実際の上場企業の事業内容を見てみると、日用品や自動車などの製造・販売、コンビニ、スーパー、銀行、通信サービスの提供など、私たちの生活に欠かせない商品やサービスを提供しています。

また、経営者が暴走しないような仕組みがあること、不正が起こらないように業務分担が行われていることが求められます。

● なぜ上場するの？

<mark>厳しい審査に合格した上場企業は、社会的信用を高めます</mark>。社会的信用が高いと、得意先・仕入先を開拓しやすい、人材採用しやすい、業務提携・資本提携しやすい、と事業を展開しやすくなるメリットがあります。

もうひとつは資金調達です。工場や店舗を建設して事業拡大するには資金が必要です。銀行借入れは将来返済するので、借りすぎると経営の過剰な負担になります。<mark>上場すれば、株式市場で新株発行し多数の投資家から資金調達する選択肢も手にします</mark>。株式発行で調達した資金は将来返済しなくてよいので、長期的な目的の資金調達に適しています。

用語解説

上場（じょうじょう）
証券取引所で株式が売買されるようになること。社会的信用の向上と資金調達が主な目的。世にある企業の大半は上場していない企業で、非上場企業と呼ばれる。

生活を豊かにしてくれる商品サービス

私たちの生活を支える上場企業。例えば……

花王（4452）	トイレタリー、化粧品、おむつ
資生堂（4911）	化粧品
セブン＆アイ・ホールディングス（3382）	コンビニ（セブンイレブン）
トヨタ自動車（7203）	プリウス、カローラ、クラウン、レクサス
三菱UFJフィナンシャル・グループ（8306）	三菱UFJ銀行、三菱UFJ信託銀行

➡ **私たちの生活を身近で支えてくれている！**

上場の目的

❶社会的信用の向上

- ➡ 得意先・仕入先を開拓しやすい
- ➡ 人材採用しやすい
- ➡ 業務提携・資本提携しやすい

❷資金調達方法の多様化

- 株式発行により多数の投資家から資金調達できる。
- 株式を発行して調達した資金は返済しなくてよい（ただし配当金は支払う）。

まとめ
上場企業は、私たちの生活に欠かせない商品・サービスを提供している。社内管理もしっかりしており、安心して投資できる。

第1章 これだけは知っていてほしい！基本のキ

安く買って、高く売る
値上がり益で儲けよう！
03

● 株価は、時々刻々と変化する

　株式市場では日々、取引が行われます。取引が成立した最新の取引価格を株価といい、株価は時々刻々と変化します。

　東京証券取引所で株式を売買できるのは、平日の朝9時から11時30分（前場（ぜんば）という）と12時30分から午後3時（後場（ごば）という）です。なお、日本の主な株式市場は東京証券取引所にありますが、それ以外にも札幌、名古屋、福岡に証券取引所があります。この3つの取引所では取引時間が朝9時から11時30分と12時30分から午後3時30分までとなっています。

● 買った株価よりも高く売る

　購入した株式を、買った株価より高い株価で売却すれば利益が得られます。これを値上がり益（キャピタル・ゲイン）といいます。100円で購入した株式を110円で売却すれば、売却価格110円―購入価格100円＝利益10円を得られます。ですから**株価が上昇しそうな企業をうまく見極め、株価が上昇するより前に購入できれば、値上がり益を得られます**。

　見極める方法には、企業の業績などファンダメンタルズに注目する方法（4章参照）と、株価チャートなどテクニカルな要因に注目する方法（3章参照）があります。ファンダメンタルズに注目する方法は、投資期間が長いので、一度の取引で大きな利益を狙います。テクニカルな要因に注目する方法は、投資期間が短いため、小さな利益の取引をたくさん積み重ねつつ、その結果として大きな利益を狙います。

用語解説

証券取引所と市場
証券取引所には複数の市場がある。例えば東京証券取引であれば、市場一部、市場二部、JASDAQ、マザーズという市場がある。市場ごとに上場審査基準がある。

株価が上がる株式を見極める

株価が上昇して利益が得られる！

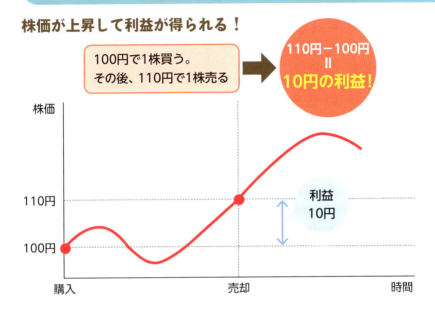

つまり…買った株価よりも高い株価で売ると利益を得られる。

取引時間

東京証券取引所 （1部、2部、JASDAQ、マザーズ）	平日9:00～11:30（前場） 12:30～15:00（後場）
札幌証券取引所、（本則、アンビシャス） 名古屋証券取引所（1部、2部、セントレックス） 福岡証券取引所（本則、Q-Board）	平日9:00～11:30（前場） 12:30～15:30（後場）

まとめ
ファンダメンタルズや株価チャートに注目して、株式を安く買って、高く売れば、利益が得られる。

第1章 これだけは知っていてほしい！基本のキ

利益が増えれば人気者

「事実」と「期待」で株価が上がる

04

●利益が増えれば株価が上がる

　企業の利益が増えれば、株主はよりたくさんの配当金をもらえます。仮に今すぐ配当されなくても、利益が次の事業拡大などに有効活用されれば、将来、いっそう多くの配当金となって返ってくることが期待できます。

　このため、**企業が決算発表を行い利益が増えた「事実」が確認されれば、その企業の株式を購入したい投資家が増えます**。さらに、新聞やニュースなどのメディアで「○○社　利益○％増の好決算！」というように取り上げられると、その企業を知らなかった投資家も注目するようになります。**利益が増加し、それを投資家が知って株式を購入することで、株価は上昇します**。

●事実より先に期待が株価を上げる

　上昇する株式を人より早く買えば、それだけたくさんの利益を得られます。ですから、**するどい投資家は、企業の決算発表で利益が増えたという「事実」を確認するよりも前に、株式を買おうと考えます**。

　例えば、街を歩いていると「A社の店舗に長い行列ができて商品がすごく売れている」のを目撃したとしましょう。他の店舗を見に行っても行列ができていました。するどい投資家は「これだけ行列ができているならば、きっと利益が増えているだろう」と考え、決算発表より前にA社の株式を買います。

　この時点では、利益が増加するという期待にすぎませんが、その「期待」で株式が買われます。つまり、**「その企業の利益が増える」と投資家の期待が高まることでも、株価は上昇するのです**。

用語解説

材料
株価が上昇するきっかけとなるニュース・出来事など。将来、企業の利益増を期待させるものを好材料、逆を悪材料という。株価は、このような材料に反応して（短期的に）上下する。

利益の増加が株価を上げるプロセス

企業の利益が増える

配当金を増やしたり自社株買い（P124）したりすることで、株主の利益が増える

⬇

利益が増えた企業の株価が上がる　＝　事実 で上がる

⬇

それを1歩先回りして、将来利益が増えそうな企業の株式を買う投資家もいて、それにより株価が上がる　＝　期待 で上がる

⬇

| 事実 | 決算発表された利益が増えた | と | 期待 | 投資家が、利益が増えそうと考え株式を買う |

とで、株価が形成される！

まとめ
利益が増えれば、その企業の株価も上がる。利益が増えたという「事実」だけでなく、増えそうという「期待」でも株価は上がる。

第1章　これだけは知っていてほしい！ 基本のキ

05 将来に失望すれば株価が下がる
将来を予想する時間軸には長短ある

● 利益が減れば株価が下がる

　企業の利益が減ると、配当金を支払う余裕が少なくなります。さらに赤字になると、企業が存続できるのかどうか、不安になる投資家も出てきます。

　このようなことから、==企業の利益が減ると、既存株主は将来性がないと考えて保有株式を売却しますし、新たにその株式を買いたいという投資家も現れません。そのため株価は下がります==。株価が下がれば「やはり将来性がないのだ」と思われて、いっそう株価が下がる悪循環になります。

●「期待」の時間軸は長短さまざま

　例えば、ある企業（製造業）の株主は、「原材料費が高騰している」という情報をニュースで得ると、「これは利益に大きなマイナスの影響がある」と予想し、悪い決算が発表されるより前に株式を売ります。==数週間から数か月先の未来を「（マイナスな意味で）期待」しての投資行動==です。

　より長い時間軸で行動する投資家もいます。例えば少子高齢化が進む日本では、子どもをターゲットにした市場は長期的に縮小すると考えられます。業界全体としての売上高は減少傾向となり、同業他社と激しい消耗戦になります。このため、==数年から10年といった長期の時間軸で見ると、その業界に属する企業の利益は増えにくい、むしろ減少すると「（マイナスな意味で）期待」されます==。ですから、既存株主は保有株を売却し、新たにその株式を買いたいという投資家も現れません。結果として株価は下がります。

　このように==投資家は、想定している時間軸に応じて売却の判断をします==。

用語解説

株価に織り込む
決算内容や事業計画、その他の好材料・悪材料を投資家が考慮して取引を行い、株価が変動すること。すでに株価に織り込まれた材料は、「織込み済み」といわれる。

利益の減少が株価を下げるプロセス

企業の利益が減る

配当金が減ったり、自社株買いをする余裕がなくなり、株主の利益が減る

⬇

利益が減ったという事実、利益が減りそうという期待で人気がなくなり、株価が下がる

⬇

株価が下がれば、いっそう人気がなくなりさらに株価が下がる

マイナスの期待をする時の時間軸は人によって様々

- 現実の悪決算（「事実」）で売られる
- 近い将来（数週間から数か月先）の減益を予想して売られる
- 遠い将来（数年先）の減益を予想して売られる（買われない）

※買いも売りと同じで想定している時間軸は投資家によって様々

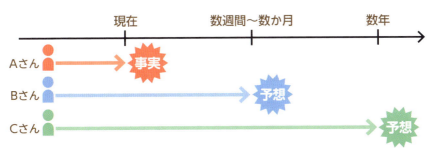

まとめ
長い時間軸で利益を得ようとする投資家もいれば、短い時間軸で利益を得ようとする短期投資家もいて、どちらも株式市場で共存している。

権利確定日の株主にプレゼント！
配当金や株主優待をもらおう！

● 権利確定日の株主に配当金・株主優待

　配当金や株主優待は、権利確定日における株主に提供されます。つまり、権利確定日の翌日には株主でなくなってもかまわないということです。同様に、株主総会に出席できるのも、権利確定日における株主です。株主総会では、社長の話を直接聞き、議案に賛成、反対の意見表明をすることができます。

　権利確定日は、企業の（四半期）決算日です。3月31日が決算日であれば、権利確定日も3月31日になります。第2四半期の決算日（3月決算企業であれば9月30日）の株主に、配当金や株主優待を提供することもあります。

● 名義書き換えに必要な日数も考慮しておく

　上場企業は、誰に配当金や株主優待を提供すればよいかを明確にするために株主名簿を作成しています。株主名簿の名義が書き換えられるのは株式の売買が成立した日の2営業日後になるので、権利確定日における株主になるためには、株主名簿の名義変更に必要な日数も考慮しなければなりません。

　例えば3月31日（金曜日）が権利確定日の場合、3月29日（水曜日）に株式を購入すれば、2営業日後の3月31日に名義書換が完了して株主になり、配当金・株主優待を受け取れます。休日は除いて計算します。

　この3月29日のことを権利付最終日、3月30日のことを権利落ち日といいます。権利落ち日以降に株式を購入しても、配当金・株主優待はもらえません。そのため、権利落ち日には株価が下落することが多いです。

用語解説

優待取り・優待狙い
株主優待をもらうために、権利付最終日だけ、その企業の株を保有すること。上場企業側としては、長期で保有してほしいからこその株主優待なので、あまりうれしくない投資行動といえる。

権利付最終日に株式を保有しておく

●権利落ちのイメージ（平日のみ）

日	月	火	水	木	金	土
26	27	28	29 権利付最終日	30 権利落ち日	31 権利確定日	

- 29：この日に保有する株主に配当・優待
- 30：株価が下がる
- 31：決算日

●権利落ちのイメージ（土日はさむ）

日	月	火	水	木	金	土
	25	26	27 権利付最終日	28 権利落ち日	29 権利確定日	30
31 権利確定日	1 (翌月)					

繰り上がる

> **まとめ**
> 権利確定日の株主に配当金や株主優待が渡される。株主名簿の書き換えには日数がかかるため、早めに株主になっておく。

第1章　これだけは知っていてほしい！基本のキ

いざ株主総会！
株主総会で経営者に会おう
07

● **経営者の業績報告をしっかり聞こう**

　株主総会は1年に1度開催され、会社経営についての大切なことを決定します。1株につき何円配当にするか、取締役や監査役に誰を選任するか、といった決議が多数決をもって行われます。100株につき1個の議決権があるので、たくさんの株式を所有しているとそれだけ発言力が大きくなります。

　例えば、業績が良ければたくさんの配当金を受け取れるので、現在の取締役を再任しようと思いますよね。業績が悪ければ、その逆です。それを判断するために、**投票前に経営者が1年間の業績を報告し、株主から質疑を受けます**。その内容を考慮して、株主は賛成か反対かを決めて投票します。

● **個人投資家も経営に参加している！**

　3月決算の会社であれば、株主総会は6月下旬に開催されることが多く、6月上旬に株主総会招集通知と議決権行使書が郵送されます。**株主総会招集通知には株主総会の日時や場所のほか、株主総会で決議される議案も書かれています。議決権行使書は会場の入り口で提示するのでお忘れなく**。

　株主総会会場から遠方に住んでいる株主や、株主総会の日時が重なってしまった株主は、議決権の行使が難しくなります。そこで**近年は、議決権の電子行使を認めたり、株主総会の様子を中継する企業も出てきています**。

　株主総会に出席すると、私たち個人投資家も上場企業の経営に参画していると実感します。社長の本音を聞くこともできる絶好の機会なので、一度は出席しましょう。

用語解説

議決権の電子行使
株主総会に出席できない場合に、事前に議決権を電子的な方法で行使すること。近年、採用している会社が増加している。インターネットを使って簡単に議決権行使ができる。

個人投資家にもきちんと届く株主総会のご案内

第1章 これだけは知っていてほしい！基本のキ

● **定時株主総会招集通知のイメージ図**

```
第○回　定時株主総会　招集ご通知

日時　○○年○月○日（○曜日）午前10時
場所　本社ホール
目的事項　報告事項　○年度事業報告
　　　　　決議事項　第1号議案　剰余金の処分の件
　　　　　　　　　　第2号議案　取締役9名選任の件
```

招集通知の議事次第に従って、社長が業績報告や議案を説明する
その後、質疑応答があり、議案の採決が行われる

● **議決権行使書のイメージ図**

| 議決権行使書 | | 株主番号○○○ | 議決権行使個数○個 |

株式会社○○　御中

　私は、○年○月○日開催の貴社第○期定時株主総会における各議案につき、右記のとおり議決権を行使します。

議案	第1号議案	第2号議案	（下の候補者を除く）
賛否表示欄	㊝	賛	
	否	㊎	

まとめ

議決権行使書を持って、株主総会に参加しよう。会社の業績について経営者から直接話を聞き、質問できる絶好のチャンス。

まさかの倒産。借金とりが家に来る？
株主としての責任
08

●支払いができないと企業は倒産

株主にとって絶対に起こってほしくないこと、それは投資先企業の倒産です。<mark>上場企業は財務盤石というイメージがありますが、それでも倒産することはあります</mark>。リーマンショックが起こった2008年には33社の上場企業が倒産しました。ちなみに倒産とは借入金などの返済のめどが立たずに、企業が裁判所に対して破産や民事再生の申立てをすることをいいます。倒産する企業は、事業で稼ぐ資金では返せない多額の負債を背負っているということです。

●株主が負債を返済する責任はない

投資先の企業が多額の負債を背負ったまま倒産した場合でも、株主は企業に代わって負債を返済する必要はありません。上場企業が倒産すると、上場廃止になるため株価は急落します。それによって株主は大きな損失を被ってしまいます。しかし、先述のとおりそれが損失の上限です。<mark>「株主責任を取る」と言われることがありますが、それは出資したお金が返ってこなくなることを指します</mark>。これが企業のオーナーである株主の責任の取り方なのです。

注意しなければならないのが信用取引です。信用取引とは、証券会社への預け金や購入した株式を担保としてお金を借り、株式を売買する取引です。<mark>信用取引で購入した企業が倒産して多額の損失を被った場合、借りたお金は証券会社に返さなくてはなりません</mark>。このようなこともあるので特に初心者のうちは信用取引をしないようにしましょう。

用語解説

間接有限責任
株主は投資先企業の債権者に対して直接支払いを行う必要はなく（間接責任）、また損失は出資額が限度とされる（有限責任）。これを間接有限責任といい、株主が負う責任とされる。

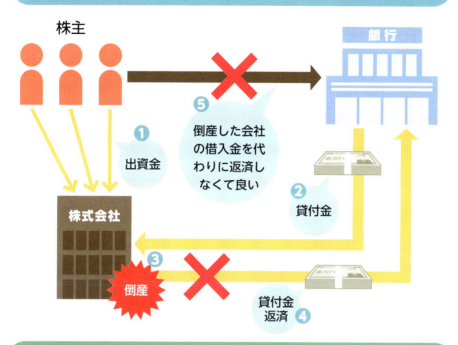

投資先企業が倒産したとき株主の責任は？

投資家の最大損失額＝出資額

出資額＝その企業の株を買った金額

> **まとめ**
> 投資先企業が倒産すると、出資額がパーになる。しかし、それ以上に追加で負債を返済する必要はない。

Column
株主総会に出席してオーナーであることを実感

　先日、「ソフトバンクグループ（9984）」の株主総会に出席しました。朝10時スタートです。場所は、JR有楽町駅すぐの東京国際フォーラムで、その中の最大規模のホールＡが会場でした（写真）。

　定刻になるとソフトバンクグループの孫正義社長が議長となり、株主総会が始まりました。数多くの株主が集まり、孫社長の言葉に熱心に耳を傾けています。

　この1年間の業績についての説明、長期的な経営計画、事業戦略など、社長自らの言葉で熱く語られます。その後、質疑が行われ、最後に議案に対する議決が行われます。株主総会の様子はインターネットでも生中継され、会場に出席できない株主も視聴することができます。

　社長に対して経営に関する疑問を直接ぶつけることができますし、取締役の選任に対する賛否の意思表明もできます。上場企業の社長に公の場で直接問いかけるできる場面は、株主総会以外にまずありえません。株主総会は、私たち株主が企業の（部分的な）オーナーであることを実感する瞬間です。株式投資は競馬のようなギャンブルではなく、実在する企業への投資であり、個人投資家は株主として経営参加していることの証です。

　株式投資を始めたら、ぜひ株主総会に出席してみてください。

第2章

実際に
株を買って
個人投資家に
なろう！

実は身近で親切な証券会社

証券会社に口座を開くと、株を買える

● 証券会社に自分の口座を開こう

　株式を買うためには、証券会社に自分の口座が必要です。口座を開設すると口座番号が与えられ、あなたがどの企業の株を何株持っているかを管理してくれます。証券会社の口座開設費用は不要です。また、一部の証券会社を除き、毎年の維持管理費用もかかりません。

　株式を買う、売るという基本的な機能は、どの証券会社も同じです。しかし、提供しているサービス（企業や株価を分析するツール、売買の複雑な発注方法など）は証券会社ごとに特徴があります。**口座は複数の証券会社に開設できるので、実際に試してみて使い勝手のよいところを探しましょう。**

● あなたの資産は分別管理される

　あなたが証券会社に預ける金銭や購入した株式は、証券会社自身の資産とは分別管理されています。金銭は顧客分別金として信託銀行に信託され、株式は証券保管振替機構（通称ほふり）が名義を電子的に管理してくれており、両者は証券会社自身が保有する資産とは区別されています。

　もしも証券会社が経営不振で破綻してしまった場合、証券会社自身の資産は債権者のものとなります。しかし、あなたが預け入れている金銭や株式は分別管理されているので債権者から守られます。

　ただし、株式を証券会社に貸す代わりに金利を受け取る貸し株サービスというものがあり、この**貸し株サービスにより証券会社に貸した株は分別管理の対象外となるので気をつけましょう。**

用語解説

証券保管振替機構（通称ほふり）
上場会社では紙の株券は廃止されており、（株）証券保管振替機構と証券会社が電子的に管理している。（株）証券保管振替機構の株主は、（株）日本取引所グループや日本証券業協会など。

投資家の財産は分別管理される

証券会社は、あなたが預けたお金と購入した株式を管理してくれる。

- 口座開設無料、維持管理費用無料（一部証券会社は有料）
- 複数の証券会社に口座を持てる
- 証券会社によって使えるサービスが異なる

●分別管理のイメージ図

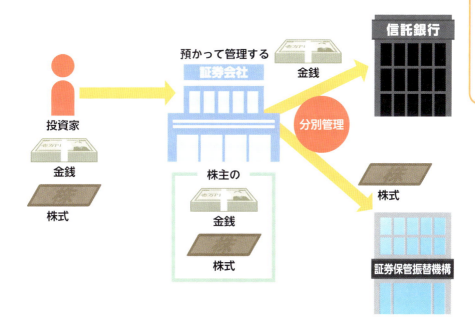

第2章 実際に株を買って個人投資家になろう！

まとめ
証券会社に口座を開くのは簡単。多くの場合無料なのでさっそく開設してみよう。口座に入れた財産は分別管理によって守られるので安心。

初めての証券会社
どんな証券会社があるの？

●新しく始めるならネット証券がおすすめ！

証券会社には、対面証券とネット証券があります。

対面証券は店舗を構えており、あなたについた担当者が情報提供してくれ、売買の注文を取り次いでくれます。昔はその情報力が魅力でしたが、現在はネットで簡単に情報収集できるので人気は下降気味です。メリットとしては**金融資産が多ければ、IPOなどで優遇されるというものがあります**。

ネット証券のデメリットをあげると、**原則として担当者がつかないため、自分で情報収集し、注文を出す必要があります**。とはいえ、対面証券と比較するとインターネットによる企業情報の提供が充実していますし、投資に役立つツールも提供してくれるので初心者にもおすすめです。また、外国株式をインターネットで手軽に安い手数料で売買できるのも魅力です。

●迷ったらとりあえずこの3社！ SBI、楽天、マネックス

SBI証券はネット証券で最も口座数が多く、IPOの取り扱いが多いのが特徴です。手数料も低水準で、様々なサービスが幅広く提供されています。

楽天証券はマーケットスピードという取引用ツールが支持されており、これを目的に口座を開く投資家も多いようです。

マネックス証券はオンラインセミナーが充実し、初心者にも安心です。

どのネット証券も口座の開設・維持は無料なので、一度ネット証券大手3社全部に口座開設して、実際に試してみるのがおすすめです。

用語解説　証券会社
第一種金融商品取引業を行う者として登録されている。登録の際には、財務基盤が安定しているか、業務を的確に遂行できる人材と組織が整備されているかなどが審査される。

主なネット証券

	SBI証券	楽天証券	マネックス証券
口座数（2018.3末）	約400万件	約260万件	約180万件
手数料（税抜）	0円〜		100円〜
ツール	HYPER SBI	マーケットスピード マーケットスピードⅡ	マネックストレーダー
海外株式	買える		
特徴	IPO取扱数が多い。株式以外の投資商品が豊富。	楽天スーパーポイントを使って投資信託が買える。	マネックスオンデマンドで、多くのセミナーを視聴できる。

※2019年2月1日現在の情報です。
※IPO（Initial Public Offering）：株式を初めて証券取引所に上場させることをいう。上場直後の株式は株価が上がることが多いので、上場前に株式を購入し、上場日に売却して利益を得ようとする個人投資家も多い。証券会社によってIPOする株式を取り扱う件数が異なる。

第2章 実際に株を買って個人投資家になろう！

> ネット証券間で手数料に大きな差はない。
> 手数料にこだわるよりも、ツールや利便性など、ストレスなく良い結果を出せそうな自分に合った証券会社を選ぼう！

まとめ
これから株式投資を始める人には、便利なネット証券がおすすめ。まずは口座を開設してみて、自分に合うところを使おう。

ネットで手続きカンタン

03 証券総合口座を開設してみよう！

● 証券会社のホームページから申込み

　証券会社を決めたら「○○証券　口座開設」とネットで検索してみましょう。氏名、性別、生年月日、住所、電話番号、メールアドレスなど必要事項を入力します。これらに加えてマイナンバーの提出も必要になります。また、納税方法（P42）とNISA口座（P146）を開設するかどうかも選択します。NISA口座は後からでも開設できますし、いずれか1つの証券会社でしか開設できないので、いったん「開設しない」を選びましょう。

　次に、本人確認書類を提出します。本人確認書類をスマートフォンなどで撮影し、それを証券会社指定の方法でアップロードすれば口座開設は完了です。本人確認書類の提出は郵送も可能です。

● IDとパスワードをもらえる

　口座開設手続きが完了すると、口座にログインするためのIDとパスワードが交付されます。パソコンやスマートフォンからログイン画面にアクセスし、IDとパスワードを入力すれば自分の口座にログインできます。まずはいろいろなツールを試してみましょう。==ログイン用パスワードのほか、売買注文用のパスワードもあります。忘れないようにしっかり覚えておきましょう。==

● 外国株式や投資信託も買える

　==証券会社によっては、開設した口座で国内株式だけではなく、ニューヨーク証券取引所など外国の証券取引所に上場している外国企業の株式も購入できます==。また、投資信託や国債などの債券も購入できるようになります。

用語解説

証券総合口座

証券総合口座を開設すると、国内株式だけでなく、米国株など海外企業の株式や国内債券、投資信託などを購入できる証券会社もある。資産運用の手段が格段に増える。

お客様情報の入力画面の例

お名前
姓 ／ 名

性別
男性 ／ 女性

生年月日
年 ／ 月 ／ 日

ご住所
郵便番号

住所

電話番号

メールアドレス

納税方法の
- 確定申告は原則不要（特定口座開設する 源泉徴収あり）
- ご自身で簡易確定申告（特定口座開設する 源泉徴収なし）
- ご自身で通常確定申告（特定口座開設しない 源泉徴収なし）

NISA口座の選択
- つみたてNISAを開設
- NISAを開設
- 開設を希望しない・あとで登録する

> 証券口座を開設する自身の個人情報を入力しましょう

> 自分の好みの納税方法を選択してください

> NISA枠を利用する人は開設してください それ以外の人は不要です

必要書類
- 本人確認書類
- NISA口座を開設する場合は住民票
- マイナンバーがわかる書類

まとめ
口座を開設したら様々なツールを試してみよう。国内株式だけでなく、外国株式や投資信託も買える。

気が早いけど、儲かった時の納税に備えて

特定口座、一般口座ってなに？

04

● 口座開設のときに納税方法を選ぶ

　株式投資を始めて利益を得られると、その利益に税金がかかります（P140）。ですから口座開設者は税額を計算し、納税しなければなりません。**納税方法は3つあり、証券会社に口座を開設するときに選びます**。

　証券会社は税務署に、口座開設者がどれだけ利益を得たか報告します。税務署は株式取引で誰がどれだけの利益を得たかを把握しているので、税金を納めていない口座開設者をすぐ見つけることができます。**納税していなければペナルティーが科せられますので、必ず納税しましょう**。

● 特定口座（源泉徴収あり）がカンタン（P142）

❶特定口座（源泉徴収あり）

　証券会社が、口座開設者の売却益や配当金の額から税額を計算し、口座開設者に代わって取引の都度、税務署に税金を納めてくれます。**口座開設者の証券口座には、売却益や配当金から税金を差し引いた残額が入金されます**。特に株式投資初心者の方にはお勧めです。

❷特定口座（源泉徴収なし）

　利益の集計までは特定口座（源泉徴収あり）と同じで証券会社がやってくれますが、税額計算、確定申告、納税は口座開設者が自分で行います。**1年分を翌年に納税するので、納税資金を残しておかなければなりません**。

❸一般口座

　利益の集計から税額計算、確定申告、納税まで、**すべて自分で行います**。

用語解説

確定申告
1年（1月1日〜12月31日）の所得とそれに伴う税金を税務署に報告すること。特定口座（源泉徴収あり）を選んでいれば原則不要だが、確定申告したほうが有利になる場合がある（第6章参照）。

納税方法を選択しよう

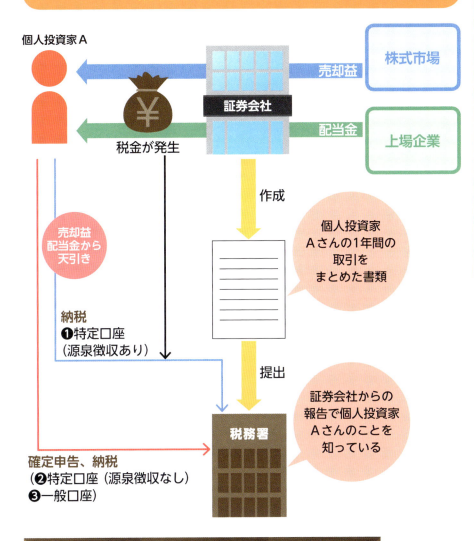

まとめ
株式投資によって得た利益には税金がかかる。納税方法を選んで、きちんと納税しよう。特定口座（源泉徴収あり）がカンタン。

投資家必携
『会社四季報』で魅力ある企業を探そう

● 会社四季報には全上場企業が掲載

　企業の情報収集に役立つのが、会社四季報です。東洋経済新報社が年に4回出版しており、全上場企業の情報がぎっしり詰まっています。上場企業各社に付与された証券コード順に掲載されています。==興味を持った企業の証券コードはメモしておきましょう。インターネットで情報収集したり、証券会社で買い注文を出す時などに役立ちます==。

● 会社四季報のココをチェック！

　まずチェックしたいのは事業の特色です。==どのような事業を行っているのかを把握し、その業界に成長性があるかどうか、景気の影響を受けやすいかどうか==、といったことについて自分なりにイメージを膨らませます。

　次は、会社の現状や将来見通しを書いた記事です。==記事に「最高益」「増益」「続伸」「堅調」などの言葉があれば、事業は順調です。逆に「弱含み」「減益」「続落」などの言葉があれば、事業は苦戦しています==。企業がどのような経営課題に直面し、どのような方向に進もうとしているかをつかみ、長期的に成長していけるかどうかのヒントを得ます。

　業績欄には過去数年間の業績と、会社四季報編集部が独自に予想した将来業績の見通しが記載されており、企業のファンダメンタルズを示すデータも満載です。==客観的な数値で企業の実力を知ることが大切です==。

　株価チャート、過去の高値安値などの情報もあり、株価のトレンドをチェックできます。企業の全体像をスピーディに理解するのにとても役立ちます。

用語解説

会社四季報（東洋経済新報社）
ワイド版、普通版、CD版は四半期ごとに発売される（新春号12月、春号3月、夏号6月、秋号9月）。オンライン版もある。会社四季報に書かれているコメントが、株価に影響することも。

会社四季報の誌面構成（例）

第2章　実際に株を買って個人投資家になろう！

株価チャート（月足）と移動平均線、月間出来高の推移

予想PER／実績PER／高値平均／安値平均／PBR／株価／最低購入額

コード／会社名／決算　特色　事業の構成

7202　いすゞ自動車

- **資本異動　株価／業種**
- **株式**
  ・発行済株式数・売買単位
  ・時価総額　など
  財務
  ・総資産・自己資本比率
  ・有利子負債　など
  財務指標
  ・ROE・ROA　など
  キャッシュフロー
- **業績**
  売上高・営業利益・経常利益・純利益・1株益・1株配
- **上位株主　役員　連結子会社**
- **配当**
  予想配当
  利回り
  1株純資産
- **本社**
  支店・工場
  従業員数（平均年齢・年収）
  証券・銀行・仕入先・販売先
- **本文1**　今後約1年間の業績見通し
  本文2　中期的な展望やトピックスなど

※会社四季報（東洋経済新報社）より

まとめ
会社四季報には便利な情報が満載で、3か月ごとに発売される。ファンダメンタルズに関する情報も株価チャートに関する情報もある。

注文は100株単位で、成行・指値を選ぶ

06 いよいよ買い注文を出そう！

● 注文は原則として100株単位

　売買の注文は100株単位で出します。例えば、株価が1,000円の株を100株買うと、1,000円×100株＝10万円を支払うことになります。取引が成立することを「約定（やくじょう）」といいます。買い注文が約定すれば、晴れてあなたも株主です。なお、**買い注文を出す時には、取引が約定した際に支払う金額をあらかじめ証券口座に入金しておかなければなりません**。

　運用金額が少なめの投資家向けに、例外的に100株未満1株単位で株式を買うサービスを提供している証券会社もあります。これを**一般的に単元未満株といいますが、証券会社によって名称が異なります**。

● 注文方法は「指値」と「成行」

　株の注文方法は主に2つあります。ひとつは**「指値（さしね）注文」**です。**「1,000円で100株買う」というように株価（値段）を指定します**。売買の注文状況を一覧にした板情報（右図参照）には、まだ約定していない指値注文の状況が表示されます。これを売り気配、買い気配といいます。

　もうひとつは**「成行（なりゆき）注文」**です。**「金額を指定せずに100株買う」という注文です**。成行注文は直近の株価と大きく離れた金額で約定することがあるので、売買に慣れるまでは指値注文を使いましょう。

　なお株価には、例えば「5,000円の次は5,010円」というように、株価水準によって1円刻み、5円刻み、10円刻みなどのルールがあります。この単位を「呼値（よびね）」といいます。

用語解説　単元株
株式を取引する売買単位。以前は100株のほかに、1株、500株、1,000株など様々な単位があった。2018年10月1日に100株単位に統一され、わかりやすくなった。

板情報の見方

指値注文を出すと、板情報に反映されます。
成行で買い注文を出すと、最も安い売り注文と約定します。

売気配（株）	気配値（円）	買気配（株）
300	1,004	
500	1,003	
200	1,002	
700	1,001	
300	1,000	
	999	200
	998	900
	997	1,000
	996	500
	995	1,300

売りたい投資家

買いたい投資家

1,000円で300株の売り注文が出ている

999円で200株の買い注文が出ている

| 呼び値 | 呼び値の単位 ||
	通常の銘柄	TOPIX100銘柄
〜1,000円以下	1円	0.1円
1,000円超〜3,000円以下	1円	0.5円
3,000円超〜5,000円以下	5円	1円
5,000円超〜10,000円以下	10円	1円
10,000円超〜30,000円以下	10円	5円
30,000円超〜50,000円以下	50円	10円
50,000円超〜100,000円以下	100円	10円

※TOPIX100…東証一部上場銘柄の中でも特に時価総額、流動性が高い100の銘柄

第2章 実際に株を買って個人投資家になろう！

まとめ
売買注文は100株単位で行う。注文方法には「指値」と「成行」があるが、初心者には「指値」がおすすめ。

株主になったら毎日気になる株価のゆくえ

07 含み損益を見てみよう

● 買値より上がれば含み益

あなたの買い注文が約定した後も、株価は時々刻々と変化します。株価が買値より上昇すれば「含み益」、買値より下落すれば「含み損」といいます。

「含み」というのは、まだ売却していないので確定した利益・損失ではない、未確定である、というニュアンスを表します。実際に売却した時は「売却益」「実現益」や「売却損」「実現損」といわれます。

例えば、株価1,000円で100株購入した株式が3円値上がりして株価1,003円になると、3円×100株＝300円の「含み益」です。

逆に4円値下がりして996円になれば、▲（▲＝マイナス）4円×100株＝▲400円の「含み損」です。**含み損の状態では、他の取引によって得た利益と損益通算（P142）できませんが、実際に売却して損失が確定すれば可能になります。**

● 制限値幅の範囲で株価は上下する

株価には1日当たりに変動する上限額、下限額が定められています。これを値幅制限といいます。株価の1日当たりの上昇、下落があまりに大きくなると投資家がパニックに陥り、結果として不適切な株価形成が行われる可能性があるため、これを防ぐ狙いがあります。

例えば前日の終値が1,000円であれば、その翌日の株価は上下300円までしか変動しません。**株価が制限値幅の上限まで上昇することをストップ高、下限まで下落することをストップ安といいます。**

用語解説

利食う、損切る

含み益のある株式を売却し、利益を確定することを「利食う」といい、含み損のある株式を売却し、損失を確定することを「損切る」という。株の世界では「損切りは早く、利食いは遅く」が基本。

含み損益のイメージ

銘柄名	保有株数	取得単価	取得金額	現在株価	時価評価額	評価損益
A社	200株	750円	150,000円	1,000円	200,000円	+50,000円 (+33.3%)
B社	100株	1,800円	180,000円	1,500円	150,000円	−30,000円 (−16.7%)
C社	300株	650円	195,000円	700円	210,000円	+15,000円 (+7.7%)
合計			525,000円		560,000円	+35,000円 (+6.7%)

200株×購入株価750円＝150,000円

● 制限値幅

基準値段		制限値幅
100円未満		30円
100円以上	200円未満	50円
200円以上	500円未満	80円
500円以上	700円未満	100円
700円以上	1,000円未満	150円
1,000円以上	1,500円未満	300円
1,500円以上	2,000円未満	400円
2,000円以上	3,000円未満	500円
3,000円以上	5,000円未満	700円
5,000円以上	7,000円未満	1,000円
7,000円以上	10,000円未満	1,500円
10,000円以上	15,000円未満	3,000円
15,000円以上	20,000円未満	4,000円
20,000円以上	30,000円未満	5,000円
30,000円以上	50,000円未満	7,000円
50,000円以上	70,000円未満	10,000円

第2章 実際に株を買って個人投資家になろう！

まとめ
確定していない利益は「含み益」といわれる。株価には1日当たりの上限、下限が定められている。

売る時も100株単位。成行・指値を選ぶ

08 保有株を売ろう！

● 売却益に対する税金が差し引かれて入金される

　売り注文も、主に指値注文と成行注文の2種類があります。例えば300株保有している場合は、これを全部売却せずに100株単位で売却できます。

　1,000円で100株購入したA社株を1,003円で売却しました。（1,003円－1,000円）×100株＝300円が利益です。利益に対して約20％、60円の税金がかかります。納税方法が特定口座（源泉徴収あり）の場合、証券会社は売却価格100,300円から、利益300円に対する税金60円を差し引いた残額100,240円をあなたの証券口座に入金してくれます（取引手数料等の諸費用は無視しています）。

● 売却損は損益通算

　その後、1,000円で100株購入したB社株を997円で売却しました。（997円－1,000円）×100株＝▲300円の損失です。この損失は、前の取引で得た利益300円と相殺されます。特定口座（源泉徴収あり）であれば、前の取引で納めた税金60円はあなたの証券口座に返金されます。

● パフォーマンスの計算方法

　株式投資のパフォーマンス（成果）を評価する際には、**①含み損益を含む資産全体で計算する方法**と、**②実現損益だけで計算する方法**が考えられます。②の方法だと含み益の銘柄だけを売却することで一見パフォーマンスが良く見えてしまうので、①の含み損益を含む資産全体で計算するのがよいでしょう。

用語解説　**20.315％**
売却益や配当金にかかる税金の税率。所得税15％、復興特別所得税0.315％、住民税5％の合計。税制改正により、この税率が上昇すると株式市場にマイナスの影響があると考えられる。

売却益から税金を差し引いた金額が残る

300株保有している時、300株全部売ることもできるし、100株だけ売って、200株は残しておく、ということもできる。

●利益の計算方法

100,300円 − 100,000円 = 300円
　　↑　　　　　↑
　売却価格　　購入価格

利益300円には税金60円（20.315%）がかけられる。

※実際には手数料を支払うため、手数料を引いた残りの利益に税金がかかる。

●特定口座（源泉徴収あり）の場合

100,300円 − 60円 = 100,240円
　　↑　　　　↑
　売却価格　　税金

あなたの証券口座に入金される。次の投資に使える！

「特定口座（源泉徴収あり）」でない場合は原則翌年3月15日までに納税する

まとめ
売る時も「指値」か「成行」で注文する。
投資のパフォーマンスは、含み損益を含む資産全体で評価しよう。

おトクな受け取り方法はどれ？
09 配当金は4種類の受け取り方がある

● 配当金の受け取り方法は4種類ある

株式を保有していて権利確定日の時点で株主であった場合、配当金を受け取ることができます。

実は配当金の受け取り方法は右図のように4種類あります。その中から自分で選ぶことができます。ネット証券であれば、口座管理画面の配当金の受け取り方法を選択する画面から、どの方法にするかを選ぶことができます。

● 何も手続きをしないとどうなる？

配当金の受け取り方法について何も手続きをしなかった場合は、配当金が受け取れなくなるのか？　と思われる方もいるかもしれませんが、その心配はありません。

特段の手続きをしない場合は、配当金領収証方式が選択され、ご自宅の住所宛てに配当金の領収証が送られてきます。それをもって郵便局に行けば配当金（税金が源泉徴収された後の残額）を受け取ることができます。

● どの方法が最もおトク？

第6章でご紹介している**NISA口座（P148）で配当金を非課税で受け取るためには、株式数比例配分方式を選択する必要があります**。また、この方式を選んでおけば**源泉徴収ありの特定口座で生じた配当金と売却損を証券会社が自動で相殺してくれるので初心者にはおすすめといえます**。

用語解説

配当金領収証
細長い横長の紙に、株主の名前や住所、保有株数、受け取れる配当金の金額があらかじめ印字されている。印鑑を押印の上、これを郵便局に持ち込めば配当金を現金で受け取ることができる。

配当金の4つの受け取り方法

❶株式数比例配分方式
証券会社に預けている株式の数量に応じた配当金が、その証券会社の口座に入金される方法

❷登録配当金受領方式
所有するすべての株式の配当金を、あらかじめ指定した1つの銀行口座に振り込んでもらう方法

❸配当金領収証方式
自宅宛に郵送されてくる配当金領収証を郵便局などへ持参し、現金で受け取る方法

❹個別銘柄指定方式
株式を有する銘柄ごとに、あらかじめ指定した銀行口座に配当金を振り込んでもらう方法

※株式数比例配分方式および登録配当金受領方式を選択した場合、所有する上場株式の配当金全てに対しその方式が適用されます。

初心者には❶がオススメ！

- 配当金を受け取るのが楽（郵便局まで受け取りに行く必要がない）
- NISA口座で受け取る配当金を非課税にできる
- 源泉徴収ありの特定口座で生じた売却損と自動で相殺される

> **まとめ**
> 株式数比例配分方式が最もおトク！ただし自分で選択の手続きを。

Column
上場をやめる企業も。なぜやめる？

　上場企業の中には、上場をやめてしまう企業もあります。他社に買収されるケースのほか、経営者自らが株を買い占めて上場をやめることもあります。

　上場していると3か月ごとに決算を公表しなければならず、そのたびに株価が上下に反応します。そしてその都度、投資家・アナリストなどから業績変動の主な要因や今後の施策などについて聞かれます。この対応に大変な労力を要するのです。

　また、3か月ごとの決算内容が悪いと株価が下がり、投資家・アナリストから厳しい質問をされるため、短期的な目線での（四半期決算を良くするための）施策を優先する経営に陥ってしまう可能性があります。

　しかし、経営においては、目先の四半期決算の利益は悪くなっても、長期的に企業が成長するために先行投資が必要な局面もあります。上場していると、そのような長期的な目線で経営しにくいと考える経営者もおり、上場廃止を選ぶこともあります。

　見方を変えれば、上場企業に長期的な目線で経営してもらうためには、投資家側にもそのような姿勢が求められるということです。近視眼的な投資家ばかりでは、（長期的な繁栄につながらなくても）目先の利益が増える施策を企業側に求めてしまい、結果として企業の競争力を奪ってしまうことにもなりかねません。

　短期的な成果、株価上昇の追求を否定するわけではありませんが、長短いろいろな時間軸で投資成果を求める投資家がバランスよく存在することが、株式市場と上場企業の健全な発展につながると思います。

第3章

チャートを
使って、
タイミング良く
買おう！

株価チャートの役割とは
「株価チャート」っていったいどんなもの？

● なぜ株価チャートが必要なのか

　<mark>ローソク足と呼ばれる長方形の箱のようなものが並んでいるグラフを「株価チャート」といいます</mark>。将来株価が上がりそうな株を見つけて投資しても、そのタイミングが間違っていれば大きな損をしてしまうこともあります。そこで必要になるのが株価チャートなのです。

● 株価チャートが示してくれているものとは

　株価チャートが示しているのは、過去の株価の値動きです。この株価の値動きを見ることで、その株を買っている人が多いのか、売っている人が多いのかを推測することができます。<mark>買っている人が多い時に買い、売っている人が多くなったら売れば、株式投資で大きな失敗を避けることもできます。</mark>

● ローソク足には分足、日足、週足、月足などがある

　株価チャートには、ローソク足1本が示す期間の長さにより、分足、日足、週足、月足といった種類があります。分足を使うのはデイトレーダーであり、<mark>私たち個人投資家は日足や週足を使うのが一般的です</mark>。月足は、長期的な株価の動きの傾向を大まかに把握する時に使います。

　株価チャートには、ローソク足のほかに「移動平均線」が描かれています。もうひとつ、チャートの下部に棒グラフが描かれていることがあります。これは「売買高」を表しています。

用語解説

ローソク足
株価チャート上で株価の動きを表しているもの。ローソクのような形をしていることからこう名付けられた。株価チャートによっては単に終値を結んだ線だけが描かれているものもある。

株価チャートの例

●株価チャートの例

株価チャートには通常「ローソク足」「移動平均線」「売買高」が表示されている

●株価チャートの種類

1本のローソク足が表す期間

分足（ふんあし）	1分（1分足）、5分（5分足）など
日足（ひあし）	1日
週足（しゅうあし）	1週間
月足（つきあし）	1か月

日足・週足 } 個人投資家が主に使うのはコレ

まとめ
株価チャートは過去の値動きをもとに適切な売買のタイミングを計るために使うもの。

始値・高値・安値・終値
「ローソク足」の意味を知ろう 02

● ローソク足の意味

日足チャート（ローソク足1本が1日の株価の値動きを示す）のローソク足を見ると、次のような情報がわかります。

・1日の株価がどのように動いたか
・株価が朝から上昇して終えたか、それとも下落して終えたか

● ローソク足の用語を押さえよう！

ローソク足には、いくつかの用語があります。主なものは次の通りです。

- **始値（はじめね）** ……その日の最初についた株価
- **高値（たかね）** ……その日のうち最も高い株価
- **安値（やすね）** ……その日のうち最も低い株価
- **終値（おわりね）** ……その日の最後についた株価
- **胴体**……始値と終値を結んでできた長方形
- **ヒゲ**……始値もしくは終値と、高値とを結んだ直線（上ヒゲ）もしくは安値とを結んだ直線（下ヒゲ）

● 陽線（ようせん）と陰線（いんせん）

株価が朝から値上がりして終わった場合は陽線（ようせん）と呼び、株価が朝から値下がりして終わった場合は陰線（いんせん）と呼びます。このローソク足を見ることで株価が朝から値上がりして終わったのか、それとも値下がりして終わったのかを一目で知ることができます。

用語解説

上ヒゲと下ヒゲ
日足チャートの場合、上ヒゲの先端はその日の高値を表している。一方、下ヒゲの先端はその日の安値を表している。

ローソク足の読み解き方

●ローソク足

・株価がその日※最初につけた株価より最後につけた株価の方が

高い ➡ 陽線（赤塗り）
安い ➡ 陰線（青塗り）

※実際には陽線を白塗り、陰線を黒塗りなどに表示することもある。
※日足の場合。週足では「その週」、月足では「その月」。

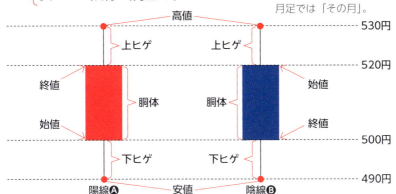

●上のローソク足を1日の株価の動きで表すと……

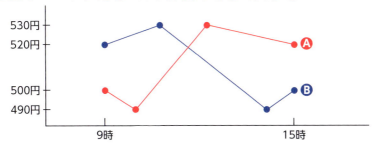

陽線Ⓐ　500円でスタート ➡ 490円まで下落 ➡ 530円まで上昇 ➡ 520円で終了
陰線Ⓑ　520円でスタート ➡ 530円まで上昇 ➡ 490円まで下落 ➡ 500円で終了

> **まとめ**
> ローソク足の意味を知れば、株価がどのように動いたのかを推測することができる。

これって天井？ 底打ち？
03 ローソク足の形でこんなことがわかる！

● 強い形・弱い形のローソク足とは？

様々な形があるローソク足の中で特に注目しておきたいのが、次の形です。

- **大陽線**：胴体部分の長い陽線で非常に強い動きを表す。株価が大きく値下がりしている時に出現すると底打ちの可能性
- **大陰線**：胴体部分の長い陰線で非常に弱い動きを表す。株価が大きく値上がりしている時に出現すると天井の可能性
- **長い下ヒゲ**：下ヒゲの長い形のローソク足で強い動きを表す。株価が大きく値下がりしている時に出現すると底打ちの可能性
- **長い上ヒゲ**：上ヒゲの長い形のローソク足で弱い動きを表す。株価が大きく値上がりしている時に出現すると天井の可能性

● 2本のローソク足の組み合わせ

2本のローソク足の組み合わせとして、次のようなものがあります。名前まで覚える必要はありませんが、この形が出てきたら要注意です。

- **かぶせ線**：2本目の始値が1本目の終値より高く、2本目の終値が1本目の胴体の間にある
- **切り込み線**：2本目の始値が1本目の終値より安く、2本目の終値が1本目の胴体の中間より上にある
- **たすき線**：2本目の始値が1本目の胴体の間にあり、2本目の終値が1本目の始値より高いもしくは安い
- **つつみ線**：2本目の胴体が1本目の胴体を全て包みこんでいる

用語解説　長いヒゲ
長い上ヒゲは、一時的に株価が大きく上昇したものの売り圧力により押し戻されたことを意味する。逆に長い下ヒゲは、一時的に株価が大きく下落したが旺盛な買い需要により反発したことを表す。

株価の底打ちや天井のときに現れやすいローソク足

●強い形・弱い形のローソク足

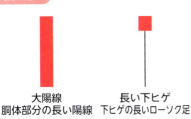

➡ 値下がり時に出現すると株価底打ちの可能性

弱い形

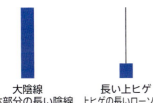

➡ 値上がり時に出現すると株価天井の可能性

●ローソク足2本の組み合わせ

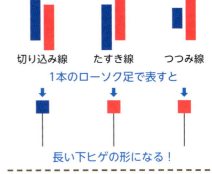

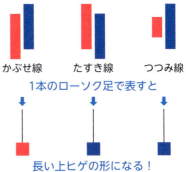

株価が下落を続ける中で切り込み線、たすき線、つつみ線といった形のローソク足が出現した場合、これらを1本のローソク足で表すと「長い下ヒゲ」となりますから、底打ちの可能性が高まります。

また、株価が上昇を続ける中で出現したかぶせ線、たすき線、つつみ線といった形のローソク足は、これを1本にまとめると「長い上ヒゲ」となり、天井をつけた可能性が高まります。

> **まとめ**
> ローソク足の形を見れば株価の強弱がわかる。2本組み合わせると今後のトレンドが読める。

投資家が株を買った平均値

04 移動平均線ってなに？

● 移動平均線の意味

株価チャートには通常、何本かの線が書かれています。この線のことを、「移動平均線」といいます。==移動平均線は、過去の一定期間（25日、13週など）における株価の終値の平均値を結んだ線のことです==。

25日移動平均線であれば、当日を含めた過去25日間の株価を合計し、それを25で割ることで計算されます。これを日々つないでいくと、なだらかな1本の線として表されます。

● 移動平均線の種類

移動平均線には、チャートの種類により主に次のようなものが使われます。

日足チャート……5日移動平均線、25日移動平均線
週足チャート……13週移動平均線、26週移動平均線
月足チャート……12か月移動平均線、24か月移動平均線

移動平均線の集計単位と、1本のローソク足が表す期間とは同一のものを使うようにしてください。

● 移動平均線の活用方法

移動平均線が表しているのは、「株の買い手が平均していくらで買ったか」です。ですから、==もし株価が25日移動平均線より上にあれば、株の買い手は含み益を有しているため株価が下がりにくい、という判断ができます==。

また、株価のトレンド（方向性）を判断するために移動平均線を活用します（P66）。

用語解説

25日移動平均線と13週移動平均線の違い
2つの違いは、「日」単位での集計か、「週」単位の集計かということ。13週移動平均線は、日々の株価ではなく週末の株価の平均を意味しているため、週足チャートとの組み合わせで用いる。

移動平均線の意味を知ろう

●移動平均線とは

過去一定期間の株価の終値の平均値を結んだ線

- 25日移動平均線：（当日含め）過去25日間の株価の平均値
- 13週移動平均線：（当週含め）過去13週間の週末の株価の平均値

投資家が過去に平均していくらで株を買ったかを示す

株価が移動平均線より上
➡ 買値より株価が高いので投資家は含み益。上がりやすく下がりにくい

株価が移動平均線より下
➡ 買値より株価が安いので投資家は含み損。上がりにくく下がりやすい

●移動平均線の描き方

（5日移動平均線）

日付	株価
11/5（月）	500
11/6（火）	520
11/7（水）	530
11/8（木）	545
11/9（金）	550
11/12（月）	520
11/13（火）	500
11/14（水）	540
11/15（木）	590
11/16（金）	620

11/6〜11/12の5日間の平均値
(520＋530＋545＋550＋520) ÷5
＝533

11/5〜11/9の5日間の平均値
(500＋520＋530＋545＋550) ÷5
＝529

> **まとめ**
> 投資家が過去にいくらで株を買ったかを示してくれるのが移動平均線。株価のトレンド（方向性）を知ることもできる！

第3章 チャートを使って、タイミング良く買おう！

05 株価には「方向性」がある！
チャートで「トレンド」を見極めよう

●トレンドとはなにか

株価チャートを見ると、波のように株価が上がったり下がったりしているのがわかります。このように==株価には、ある程度の期間続く方向性があります。この方向性のことを「トレンド」と呼びます。==

●3種類のトレンド

株価のトレンドには、主に次の3種類があります。
・上昇トレンド：株価が上昇を続けている
・下降トレンド：株価が下落を続けている
・横ばい（ボックス）トレンド：株価が一定の範囲を行ったり来たりして明確な上昇や下落の傾向が生じていない

==現時点でこの3種類のうちのどのトレンドに株価があるかをチェックし、上昇トレンドの間だけ株を保有することで利益をあげ、損失を回避することができます。==

●トレンドを見極めるための方法

株価のトレンドを見極めるためには、いくつかの方法があります。株価チャートのローソク足を見るだけでも、株価が上昇傾向にあるか下落傾向にあるかはわかります。「ダマシ」が生じることもあるので注意しましょう。

それ以外にも、株価の安値同士、高値同士を結ぶ「トレンドライン」を使ったり、2種類の移動平均線が交差する「ゴールデンクロス」「デッドクロス」を用いる方法などがあります。

用語解説

ダマシ
上昇トレンドに転じたと思ったらすぐ下降トレンドに戻ってしまうこと。もしくは下降トレンドに転じたと思ったらすぐ上昇トレンドに戻ること。

株価の「トレンド」とは？

●3種類の株価のトレンド

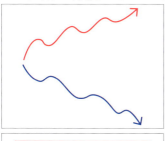

上昇トレンド
➡株価が上昇傾向にある

下降トレンド
➡株価が下落傾向にある

横ばい（ボックス）トレンド
➡株価の方向性が定まっていない

●株価のトレンドの見極め方

トレンドライン

トレンドライン
（安値を結んだ線）

トレンドライン
（高値を結んだ線）

❶：★でトレンドラインを割り込んだので上昇トレンド終了
（トレンドラインを割り込まない限り上昇トレンド）

❷：★でトレンドラインを超えたので下降トレンド終了
（トレンドラインを超えない限り下降トレンド）

ゴールデンクロス・デッドクロス

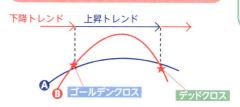

長期の移動平均線Ⓐを
短期の移動平均線Ⓑが下から上に突き抜けたら
➡ゴールデンクロス（上昇トレンド）

長期の移動平均線Ⓐを
短期の移動平均線Ⓑが上から下に突き抜けたら
➡デッドクロス（下降トレンド）

まとめ
株価の動きには一定期間続く方向性があり、これを「トレンド」と呼ぶ。

第3章 チャートを使って、タイミング良く買おう！

トレンドを簡単に見極める！
06 移動平均線と株価からトレンドを見極める

● **移動平均線と株価の組み合わせで株価トレンドを見極めよう**

<mark>トレンドの見極め方の中でもお勧めなのが、移動平均線と株価を組み合わせる方法</mark>です。なぜなら、株価チャートを見ただけで、今のトレンドが一目でわかるからです。

● **トレンドラインやゴールデンクロス・デッドクロスの難点**

<mark>トレンドラインによる方法だと、株価チャートによってはラインを何本も引けてしまいます</mark>。線の引き方によってトレンドの見方が変わるというのは好ましくありません。また、<mark>ゴールデンクロスやデッドクロスは、トレンドの変化を示すのが遅くなりやすいという特徴があります</mark>。株価と移動平均線の組み合わせを用いた方がより正確にトレンドを見極めることができます。

● **具体的なトレンドの見方**

株価と移動平均線を組み合わせたトレンドは、株価と移動平均線との位置関係により判断します。具体的には、右ページの図表をご覧ください。

株価チャートと移動平均線の組み合わせ方はいくつかありますが、<mark>初心者・初級者の方にお勧めなのは、「日足チャート＋25日移動平均線」、もしくは「週足チャート＋13週移動平均線」の組み合わせです</mark>。25日移動平均線や13週移動平均線であれば、株価チャートにあらかじめ表示されていることが多いため、一目見ただけで株価のトレンドが判断できるからです。

用語解説

12か月移動平均線
月足チャートと移動平均線で株価のトレンドを見極める際は12か月移動平均線を用いることが多い。月足チャートは売買のタイミングを計るのではなく、大局的な株価の動きを確認するために用いる。

移動平均線と株価を組み合わせたトレンドの見極め方

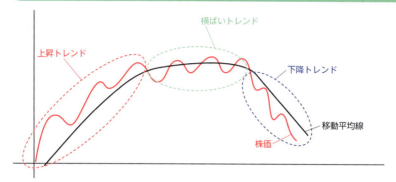

- 株価が移動平均線より上にある ➡ 上昇トレンド
- 株価が移動平均線より下にある ➡ 下降トレンド
- 株価が移動平均線を上回ったり下回ったりしている
  ➡ 横ばいトレンド

●具体的な組み合わせは？

- 日足チャート ＋ 25日移動平均線
- 週足チャート ＋ 13週移動平均線

上昇トレンドなら ➡ 株価がその後上昇しやすい
下降トレンドなら ➡ 株価がその後下落しやすい
横ばいトレンドなら ➡ 株価が上下どちらに動くか判断が難しい

上昇トレンドのときに買い、下降トレンドになったら売るのが原則！

※日足チャートなら○○「日」移動平均線と、週足チャートなら○○「週」移動平均線と組み合わせること

> **まとめ**
> 株価と移動平均線を組み合わせれば、今のトレンドが一目でわかる！

第3章 チャートを使って、タイミング良く買おう！

いつ株を買えばよい？

07 株価チャートで買い時を見つけよう

●買い時❶　株価が上昇トレンドにある時

　欲しい株を見つけたら、すぐに買ってよいかといえばそうではありません。株価が下がりやすい下降トレンドの最中に買うと、その後、株価が値下がりして損をしてしまう可能性が高いです。そこで、**株を買う時は右の図表①のように、株価が上昇トレンドにある時、つまり株価が移動平均線を超えている時に買うのが基本です**。

●買い時❷　上昇トレンド転換時

　しかし、上昇トレンドにあればいつ買ってもよい、というわけではありません。株価がすでに短期間に大きく上昇している時は、そこから値下がりしてしまう可能性も高まってきます。そこで**狙い目として挙げられるのが、右の図表②のように株価が上昇トレンドに転換した直後です**。例えば日足チャートであれば、株価が25日移動平均線を超えた直後に買えば、かなり安いタイミングで株を買うことができます。

●買い時❸　急落時のリバウンド

　株価は、時に短期間で大きく値下がりすることがあります。そのような時は底を打った後、株価がリバウンドすることがよくあります。右の図表③のようなタイミングです。ただし、この方法は株価が急落した時に「そろそろ下げ止まって反発する！」と予想して買うことになります。その**予想が当たれば安く買うことができる一方、買った後も下げ止まらないとさらに株価が大きく値下がりし、損失が膨らんでしまうリスクもあります**。

用語解説

移動平均線からのかい離
移動平均線からのかい離が大きいほど、短期間に株価が大きく上昇ないし下落していることを表す。その後は反対方向に動きやすいため、買いはかい離率がプラス5％以内の場合のみとするとよい。

株価チャートを用いた買い時

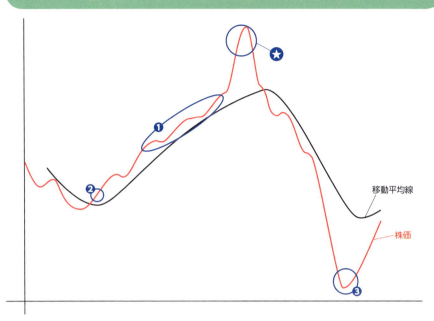

買い時❶	株価が上昇トレンドにあるとき
買い時❷	株価が上昇トレンドに転換したとき
買い時❸	株価が急落したとき

オススメは❷のタイミング。
❸は失敗すると大きな損失につながるので上級者向き。

★のように、株価と移動平均線が大きくかい離しているときは買わない

まとめ
株価が上昇トレンドにある時に買えば、他のタイミングで買うより損をしにくいので初心者にはおすすめ。

第3章 チャートを使って、タイミング良く買おう！

買った株はいつ売ればよい？
株価チャートで売り時を見つけよう

●売り時❶　下降トレンド転換時

　株式投資で最も難しいといわれるのが、買った株をいつ売るかです。初心者にお勧めなのが、株価チャートを使って客観的・機械的に売り時を決定する方法。これなら売り時に迷うことはありません。具体的には、**株価が25日移動平均線を割り込んで下降トレンドに転換したら売却します**。右の図表①のタイミングです。

●売り時❷　株価急騰時の利食い

　ただし、時には保有株の株価が短期間に大きく値上がりし、2倍、3倍になることもあります。こんな場合は、下降トレンドに転じるのを待っていてはせっかくの利益が小さくしぼんでしまいます。そこで、**移動平均線を割り込む前の段階で保有株の一部を利食いし、確実に利益を確定しておくとよいでしょう**。右の図表②のタイミングです。

●売りは利益確定と損失確定の2つがある

　売りは利益を確定する目的だけではありません。**買った株が意に反して値下がりしてしまった場合、損失が小さいうちに確定させ、それ以上損失が膨らまないようにする目的もあります。これを一般に「損切り」といいます**。

　損切りの場合も、原則は株価が下降トレンドに転換したら売り、というルールです。これにより、株価の値下がりが続き損失がどこまでも拡大するのを防ぐことができます。同じ①で売るにしても、Aで買った株を売れば利食い、Bで買った株を売れば損切りです。

用語解説

損切り
損切りは、買った株が値下がりした時にそれ以上損失が膨らまないよう小さい損失で売却すること。そのまま保有を続けて株価がさらに値下がりすると、含み損を抱えた「塩漬け株」になってしまう。

株価チャートを用いた売り時

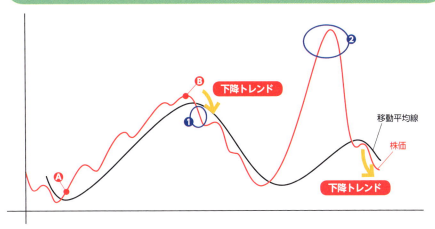

売り時❶　株価が下降トレンドに転換したとき

売り時❷　株価急騰時

利益確定と損失確定の売り

同じ❶で売る場合

　　Ⓐで買ったなら ➡ 利益確定（利食い）

　　Ⓑで買ったなら ➡ 損失確定（損切り）

上昇トレンド転換直後など、できるだけ安く買うことを心がけよう！

まとめ
買った株を売るタイミングは利食いにしても損切りにしても株価が移動平均線を割り込んで下降トレンドになったら。

その株がたくさん売り買いされたのはいつ？

売買高の棒グラフはこう活用する！ 09

● **売買高とはなにか？**

株価チャートの下の部分に棒グラフが載っています。この棒グラフが表しているのが「売買高」です。「出来高」と呼ぶこともあります。**売買高とは、その株の売買が成立した株数のことをいいます。**

● **売買高の活用法❶　流動性の高低を見る**

株式投資をする際のリスクのひとつが、「買いたい時に買えない」「売りたいときに売れない」という流動性リスクです。一般に、日々の売買高が小さい株ほど流動性が乏しくなります。**特に初心者の方は、売買高が小さい株への投資はできるだけ避けた方が無難です。**

● **売買高の活用法❷　株価が上がりにくい株を把握する**

売買高の棒グラフを見ると、ある日だけ明らかに売買高が突出しているケースがあります。その多くは、右の図表❶のようにある日突然株価が急上昇したものの、すぐに下落してしまった、という時に生じます。この価格帯には多数の買いが取り残されているため、株価が上がりにくくなるのです。

● **売買高の活用法❸　株価の底打ちを把握する**

株価が短期間で大きく値下がりした時も、売買高が突出することがあります。多くは、株価が底打ちをした日に売買高も急増します。ですから、右の図表❷のように、売買高の急増＋底打ちが確認できたタイミングで株を買うという戦略がなりたちます。ただし底割れしたら損切りするのが無難です。

用語解説

底割れ
株価が底打ちして反発したと思ったらその後も株価が下落し、底打ちしたと思った株価を割り込んでしまうこと。こうなったら底打ちは否定され、さらに株価が下落するパターンが多くなるので要注意。

売買高の具体的な活用法

① 株価急騰に伴い売買高も急増 → 高値で買った投資家が多数取り残されている → 株価上昇すると、それらの売りが大量に出てくる → 株価が上昇しにくい

② 株価底打ちとともに売買高急増（底打ちせず下落を続けるケースもあるため注意）

まとめ
売買高を見れば、これから株価が上昇しにくい株や株価の底打ちを把握することができる。

小さな損を受け入れて大失敗を避ける
10 損切りの必要性とチャートを用いた方法

● なぜ損切りが必要なのか？

株式投資で大失敗しないためには「損切り」が必要です。損切りとは、買った株が値下がりした状態で売却することをいいます。損失がまだ小さいうちに損切りにより持ち株を売却することで、損失の拡大を食い止めることができます。しかし、逆に値下がりをした株を損切りせずに持ち続けることで、さらに株価が下落して多額の含み損を抱えた塩漬け株を作ってしまうのが、典型的な個人投資家の失敗パターンです。

● 損切りをした場合としない場合の比較

右ページの図表❶をご覧ください。1,900円で買った株をそのまま持ち続けると1,050円まで値下がりし、850円の含み損を抱えることになります。でも、❹の1,800円で一旦損切りをして❻の1,050円で買い直せば、そのまま持ち続けるのと比べて1,800円−1,050円＝750円だけ有利となります。

買った株を持ち続けて買値まで戻ればよいですが、そうならなずに塩漬け株になってしまうケースも多々あります。損失が大きくならないうちに一旦損切りをしておいた方が明らかに有利です。

● 株価チャートを使った損切りの方が有利

損切りには、ファンダメンタルの変化を察知した時に実行する方法と、株価チャートなどからタイミングを計る方法とがあります。おすすめは後者です。なぜなら、図表❷のように個人投資家がファンダメンタルの変化を察知できた時には、すでに株価が大きく値下がりしていることが多いからです。

用語解説

塩漬け株
買った株の株価が大きく下落しても持ち続けた結果、多額の含み損を抱えてしまった株のこと。損切りをしなかったために塩漬け株を作ってしまうのが、個人投資家が株式投資で失敗する大きな要因。

適切なタイミングで損切りする重要性

まとめ
株式投資に損切りは必須。株価チャートを使えば損切りのタイミングも明確。

| 練習問題1 | 売買のタイミングの原則を確認しよう |

下の株価チャートで、買いのタイミングおよび売りのタイミングは①〜⑧のうちどこでしょうか？

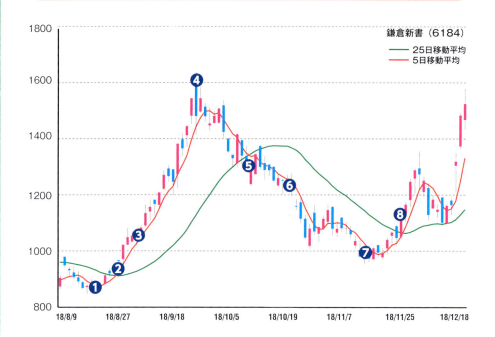

ヒント
- 株価が25日移動平均線を超えたら買い
- 株価が25日移動平均線を超えている間は持ち株は保有継続
- 株価が25日移動平均線を割り込んだら持ち株は売却

買いのタイミング：②、⑧
売りのタイミング：⑤

　株価の底である①で買い、株価の天井である④で売る、と答えた人も多かったかもしれません。確かにそれは理想ですが、**現実には底値で買い、天井で売ることはできません。底値や天井は、後で振り返ってわかるものだからです**。同様に⑦で買うのも実際には困難です。底値で買ったつもりが、さらに株価が値下がりしてしまう、ということになりかねないので十分に注意しましょう。

　したがって、**①で底打ちした後に25日移動平均線を超えた直後の②が最も望ましい買いタイミングです。もしくは⑦で底打ちした後に25日移動平均線を超えた直後の⑧です**。

　③は株価が25日移動平均線を超えていますが、25日移動平均線からのかい離率が20％近くあるので、買うタイミングとしてはよくありません。かい離率が5％以内ならOKです。

　よくやってしまうのが、②で買ったのに③で売ってしまうケースです。これも、移動平均線を割り込むまでは売らないと決めておけば、③より高い⑤で売ることができます。

　また、下降トレンドである⑤や⑥で買ってしまうケースもあります。株価のトレンドを見ることなく「高値からだいぶ値下がりしたから、そろそろ下げ止まりそうだ」となんとなく買ってしまうと、株価がそこからさらに大きく値下がりしてしまいます。

　あくまでも**株価が下げ止まってから移動平均線を超えてくるまで待った方が安全**です。

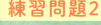

練習問題2　買いのタイミングを理解しよう

 下の株価チャートの①〜⑦で買ってもよいタイミングを選んでください。

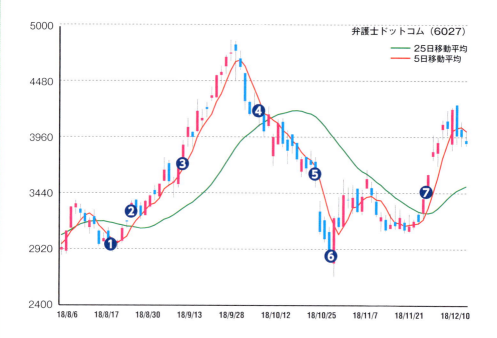

ヒント
- 株価が25日移動平均線を超えたら買い
- 株価が25日移動平均線を割り込んでいる間は買わない
- 株価が25日移動平均線を超えている間の買いは「かい離率」に注意

 ②、④、⑦

　株を買うタイミングとして適切なのは、株価が上昇トレンドにある間、すなわち25日移動平均線を株価が超えている時です。さらにいえば、株価が移動平均線を超えた直後に買えばベストです。

　①や⑥は株価の底値ですが、これはすでに過ぎた期間のチャートを見ているから言えることで、実際はまだ下降トレンドですから株価が下げ止まるかどうかわかりません。ですから①や⑥で買うのは現実的ではないのです。

　②や⑦は、株価が25日移動平均線を超えた直後ですからベストタイミングとなります。③は上昇トレンド途中ですが、移動平均線からのかい離率が10％を超えているのであまりよいタイミングとはいえません。

　④は上昇トレンドかつ、移動平均線からのかい離も小さいので買うタイミングのひとつになります。ただし、本問のケースでは買ってすぐ株価が移動平均線を割り込んでしまっているので損切りが必要になります。

　⑤は株価が値下がりしている途中で、下降トレンドでもあるので買うタイミングとはなりません。「そろそろ下げ止まるはず」と予想して逆張りで買うと、さらなる株価下落の可能性があるので注意してください。

> 練習問題3　売りのタイミングを理解しよう

あなたは、業績も絶好調、将来も増収増益が間違いないと思われるA社の株を★で買いました。その後の株価はチャートのようになっています。売りのタイミングとして適切なのはどこでしょうか？

ア．①

イ．②

ウ．③

エ．業績絶好調で増収増益は間違いないので売る必要はない

イ．②

　保有している株を売却するタイミングは、下降トレンドに転じた直後、つまり25日移動平均線を割り込んだ直後の②です。

　ア．の①は株価の天井ですが、ここで売るのは事実上不可能に近いです。もし天井と思って売っても、そこからさらに株価が大きく上昇し、せっかくの利益を取り逃して悔しい思いをしてしまうことも多いです。

　25日移動平均線を割り込んだにもかかわらず「もうしばらく様子を見よう」とイ．の②で売らず、その後も下落が止まらないのでウ．の③で売る、というケースもよくみかけます。しかし、②で売るのに比べて③はかなり株価が値下がりしてしまいます。売らずに持ち続けて様子を見るのではなく、一旦売ったうえで様子を見て、再び移動平均線を超えたら買い戻す方がはるかに安全です。

　なお、エ．の「業績絶好調で増収増益は間違いないので売る必要はない」を選ぶ人も多いと思いますが、これは大変危険な考え方です。もし株を持ち続けた結果、業績が伸び悩んだり悪化すれば、株価は大きく下落して対処のしようがなくなってしまいます。たとえ絶対的な自信をもって買った株であっても、株価が下降トレンドになったら一旦売却しておくのが安全です。

Column
「順張り」と「逆張り」

　株を売買するタイミングの捉え方として、「順張り」と「逆張り」という2つの手法があります。一言でいえば、順張りはトレンドに沿った売買、逆張りはトレンドに逆らった売買です。

　個人投資家の多くは逆張りを好みます。株価が値下がりしている途中で逆張りの買いを実行します。しかし、逆張りで買った株の株価がさらに大きく下がり、多額の含み損を抱えてしまうケースが後を絶ちません。逆張りの場合、「そろそろ下げ止まるだろう」と予想して買い向かうことになりますが、この予想が外れることが非常に多いです。逆張りは個人投資家の皆さんが思っているよりもはるかに難しく、リスクが高い手法なのです。

　一方の順張りは、株価が底打ちして上昇トレンドに転じるのを確認してから買うことになります。底値では買えませんが、株価が上昇する可能性が高いタイミングで買うことができます。また売る時も、株価が下降トレンドに転じたら速やかに売却することになるので、タイミングをつかみやすく、大きな損を回避できます。

　逆張りが絶対ダメ、というわけではありませんが、逆張りでどうもうまくいかないという方は、順張りの手法を使うようにしてください。

●順張りと逆張りのメリット・デメリット

	内容	メリット	デメリット
順張り	株価が上昇トレンドの時に買い、下降トレンドの時に売る	トレンドに沿って買うので、成功する可能性が高い。トレンド転換が確認できた時点で速やかに売却するので、失敗しても大きな損を避けやすい	株価のピークで売り、底値で買うことはできない（ピークを確認してから売り、底値を確認してから買うため）
逆張り	株価が下降トレンドの時に買い、上昇トレンドの時に売る	予想通り株価が動けば、ベストに近いタイミングで売買することができる	買った後に大きく値下がりしたり、売った後に大きく値上がりすることが多い。特に前者の場合、大きな損失につながるおそれが高い

長期で上がる企業を見つけよう！（ファンダメンタルズ）

第4章

会社の利益が株価上昇のカギ

01 当期純利益に注目する

● 利益が増えれば、株価も上がる

　株価は利益が増えたという「事実」や、利益が増えそうという「期待」によって上昇します。したがって、**長期的に株価が上昇する企業は、利益も長期的に増加しています**。

　ファンダメンタルズ分析は、その前提に「株価には利益などをベースにして算出される適正株価が存在し、株価は長期的にその水準に近づく」という考え方があります。ファンダメンタルズ分析は長期投資であり銘柄選択の基本方針は、利益が長期的に増えていく企業を選ぶ、ということです。

● 株主の取り分である当期純利益に注目

　利益には営業利益、経常利益、当期純利益などがありますが、最も注目したいのは当期純利益です。

　当期純利益とは、売上高から売上原価、諸経費、支払利息、特別損失、税金などを全て引いて残る最終的な利益です。**当期純利益は株主の取り分であり、配当金や自社株買い（P126）により株主に還元することができます**。株主の取り分である当期純利益が増えれば、それに伴って株価も長期的に上昇すると考えられます。

　企業の当期純利益を5年分並べてグラフにしてみると、A社の当期純利益が増加し株価も上昇している企業、B社の当期純利益が横ばいで株価も横ばいの企業、C社の当期純利益が減少しており株価も下落している企業に大別できます。A社のような企業が長期投資の対象になります。

用語解説　当期純利益
会計基準によって呼び名が異なる。日本の会計基準は「当期純利益」、米国会計基準は「当社株主に帰属する当期純利益」、国際会計基準は「親会社の所有者に帰属する当期利益」と呼ぶ。

当期純利益の推移に注目する

●損益計算書（XX年）

売上高	1,000
営業利益	200
経常利益	220
当期純利益	100

株主の取り分

●A社の当期純利益と株価
●B社の当期純利益と株価
●C社の当期純利益と株価

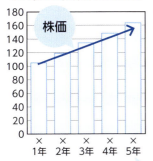
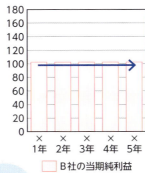
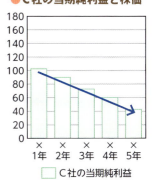

株価

長期投資の対象！

株価は長期的に当期純利益に相関する

まとめ
当期純利益が増えれば、株価も上がる。当期純利益が年々増加していく企業は、長期投資の対象として魅力的。

第4章 長期で上がる企業を見つけよう！（ファンダメンタルズ）

企業によって株式数は様々
02 株式数ってなに？

●株式数は企業によって違う

　企業によって、発行している株式数が違います。会社の売上や利益が大きいほど、株式数も多くなる傾向があります。

　当期純利益（P84）は、株式数に応じて株主の取り分になります。株式数が少ない方が1株当たりの取り分が多くなりますから、当期純利益が同じなら株式数は少ない方が、株価は高くなりやすいです。

●株式数が増加すれば株価はマイナス、減少すれば株価はプラスに

　企業は、事業を拡大するために多額の資金が必要な時、株式を新たに発行して投資家に出資してもらうことがあります。これにより資本金が増えるので、増資と呼ばれます。

　例えば、工場建設に10億円必要だとします。企業は、1株1,000円で100万株発行すれば、10億円を投資家から調達することができます。その資金で工場を建設し売上や当期純利益が増えれば、株主の取り分が増えますから株価にプラスです。しかし、株式数が増えることで1株当たりの取り分が減るので、その点では株価にマイナスです。

　また、設備投資する予定がなく、余剰資金が貯まることもあります。この場合、企業が投資家から株式を買い取り（自社株買いという。P126参照）、消滅させることもあります（自己株式の消却という）。すると株式数が減少します。株式数が減ることで1株当たりの取り分が増えますから、株価にプラスの影響があります。

用語解説　自己株式
自社株といわれることもある。自己株式の取得は企業が株主に金銭を渡すことから株主還元といわれる。企業に株式を売らなかった株主は、金銭はもらえないが、株価上昇という恩恵を受ける。

株式数と売上高

	株式数	売上高	当期純利益
トヨタ自動車(7203) (2018年3月決算)	32億6300万株	29兆3795億円	2兆4940億円
日本ハム(2282) (2018年3月決算)	1億750万株	1兆2692億円	371億円
トランコム(9058) (2018年3月決算)	1032万株	1417億円	36億円
竹本容器(4248) (2018年12月決算)	1253万株	160億円	12億円

※株式数：普通株式の数を記載

会社によって株式数は様々

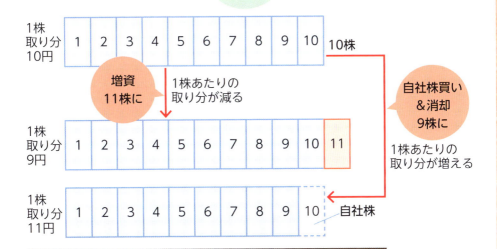

まとめ
株式数が増加すれば、当期純利益の取り分が減ってしまうので、株価にはマイナス。逆に株式数が減少すれば、株価にはプラス。

1株当たりの取り分EPSに注目

03 利益は株主で平等に分け合う

● **当期純利益は株式数に応じて分ける**

例えば、A社という会社の当期純利益は1,000円、株式数は10株です。**当期純利益は株式数に応じて平等に株主に分けます**。1株当たり当期純利益を計算すると、当期純利益1,000円÷10株＝100円となります。この1株当たり当期純利益はEPS（イーピーエス）と呼ばれます。A社株を1株持っている株主の取り分は、100円×1株＝100円で、5株持っている株主の取り分は100円×5株＝500円です。

● **「1株当たり」と「企業全体」を区別する**

日頃あまり意識しませんが、**「株価」とは「1株当たり」の株式の価格です**。株価100円なら1株買うのに100円必要です。「EPS」も「1株当たり」ですから、「株価」も「EPS」も目線は「1株当たり」にあります。

他方、**当期純利益は、「企業全体」の利益です**。**これに対応するのが「時価総額」です**。「時価総額＝株式数×株価」で計算され、その企業の全株式を今の株価で買い取るのに必要な金額です。「当期純利益」と「時価総額」は、いずれも目線は「企業全体」にあります。

● **EPSが増えれば、株価も上がる**

株価は長期的にEPSに相関します。**「EPS＝当期純利益÷株式数」ですから、当期純利益が増加する、もしくは株式数が減少することによってEPSが増加します**。それに伴って、適正な株価水準も上昇し、ひいては現実の株価も上昇します。

用語解説

時価総額

株式数×株価で計算される。その企業の株式を全て買い占めるのに必要な金額で、企業規模の目安のひとつとされる。時価総額10億ドル以上で未上場のベンチャー企業をユニコーンという。

EPS (Earnings Per Share)

長期的には、EPSをベースに株価が形成される

まとめ
1株当たり当期純利益（＝EPS）に注目しよう。EPSは当期純利益が増えたとき、または株式数が減ったときに増加する。

PERは株価とEPSの関係を示す

PERは何倍？

● 株価とEPSの比率に注目

A社の株価は2,000円、EPSは100円です。この時、株価2,000円÷EPS100円＝20つまり、EPSに対して20倍の株価がついているといえます。この倍率をPER（ピーイーアール）といいます。

日本の上場企業についてPERの傾向を見ると、平均20倍程度です。そこで、**PER20倍をひとつの目安にしてみましょう。**

● PERは投資家心理を反映する

好景気が続き株式市場も上昇相場に入ると、投資家の心理は楽観的になります。将来のEPSは今より増えるはずだと期待するので、EPS100円に対して株価3,000円になることがあります。この時のPERは3,000円÷100円＝30倍です。逆に、不景気が続き株式市場が低迷すると、投資家の心理は悲観的になります。将来のEPSは今より減るはずだと考え、株価1,000円になることがあります。この時のPERは1,000円÷100円＝10倍です。

● PERは業種によって傾向がある

証券コード協議会は、各上場企業を事業内容に応じて33業種に分類しており、PERは業種によって傾向があります。食料品、医薬品などの安定した需要のある業種は、PERが20倍より大きくなる傾向にあり、EPSに対して高めの株価がつきます。逆に、輸送用機器、建設業、銀行業などの景気変動の影響を受けやすい業種は、PERが20倍より小さくなる傾向があり、EPSに対して低めの株価がつきます。

用語解説

証券コード協議会
全国の証券取引所及び証券保管振替機構から組織され運営されている協議会。各上場企業の証券コード（4桁の数字）と所属する業種を統一的な基準に基づいて設定している。

PER (Price Earnings Ratio)

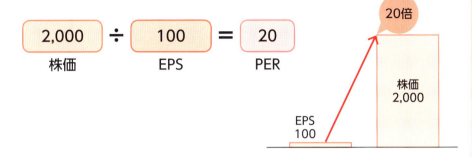

業種別平均PER

	製造業	流通・情報通信	不動産・建設	金融	ほか
ディフェンシブ※	食料品 24 医薬品 24	情報・通信業 22			水産・農林業 20 電気・ガス業 19
	パルプ・紙 23 金属製品 18 その他製品 26	倉庫・運輸関連業 20 陸運業 19 小売業 25	不動産業 21	保険業 18	サービス業 25
景気循環※	石油・石炭製品 13 ガラス・土石製品 20 繊維製品 20 化学 18 輸送用機器 16 ゴム製品 13 非鉄金属 22 機械 18 電気機器 26 精密機器 23	卸売業 14 空運業 13	建設業 17	銀行業 12 その他 金融業 13	
	鉄鋼 19	海運業 15		証券、商品 先物取引業 14	鉱業 18

※ P100参照　　　　　　　　　（東証1部、連結、単純PER。83ヶ月平均）2019/1/31現在
※ 0<PER<50を計算対象としている（異常値を除くため）

まとめ

PERは、株価が1株当たり当期純利益（EPS）の何倍になっているかを示す。適正な株価を考える時に役立つ。

投資家は過去よりも未来を見る

未来のEPSが株価を決める

05

● もしも投資家が過去の事実しか見なければ……

　株価はEPSの20倍になると仮定します。仮に投資家が、過去に発表された決算という「事実」しか見ないとしましょう。

　A社のEPSは100円（×1年3月期）でした。株価はその20倍の2,000円になりました。翌年の決算発表時までは株価2,000円のまま推移します。さて、翌年（×2年3月期）の決算発表でEPSが150円に増加したことが明らかになりました。それを受けて、株価は150円×20＝3,000円まで上昇します。

● 現実の投資家はEPSを予想して売買する

　しかし現実の投資家は、より大きな利益を得るために、×2年3月期のEPSが発表されるより早くそのEPSを予想します。そして、他の投資家より先に株式を買おうと考えます。A社の商品が大人気で売れており、ある投資家が、翌期（×2年3月期）にはEPSが150円に増加すると「期待」しています。それが的中すれば、株価は150円×20＝3,000円まで上昇すると期待できます。仮に今の株価が2,000円だとすれば割安と判断し、A社株を購入します。

　しかし購入後は**決算発表までに良いニュース、悪いニュースがたくさん出てきます。投資家はそれによって将来に対する期待を変化させます。このため、株価は時々刻々と変化するのです**。

　「事実」を重視するか、「期待」を重視するかは、投資家の投資スタイルによります。客観性、確実性を重視するならば「事実」に重点を置き、成長性を重視するならば「期待」に重点を置くとよいでしょう。

用語解説

株価は半年先を行く
株価は半年先の企業業績（EPS）を見越して変動しているといわれる。事実として業績が悪化するより先に株価は下がり、事実として業績が底打ちするより先に株価は上昇する。

事実による株価形成、期待による株価形成

●過去に発表された「事実」で株価が形成される場合

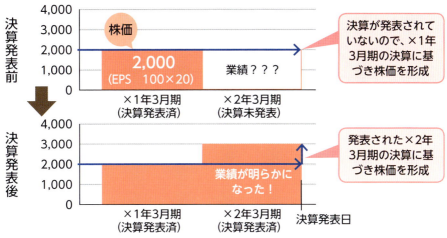

●将来発表される決算への「期待」で株価が形成される場合

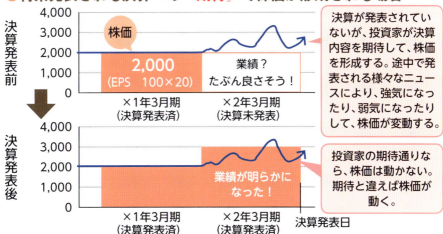

まとめ

投資家は過去よりも未来を重視する。過去のEPSも大事だが、未来のEPSが株価に大きな影響を与える。

拡大する市場を狙え！
利益が増えていく企業とは？

06

● EPSの長期増には売上増が不可欠

仮に売上高が増えない企業があるとしましょう。EPSを増やすためにはコストカットをするしかありませんが、それにも限度があります。**長期的にEPSが増加するには、売上高も長期的に増加していくことが不可欠です**。

● 売上高が増える3つの要素

❶成長市場をターゲットにしている

例えば、日本は高齢化が進んでおり、医療や介護を必要とする75歳以上の人口が増加していきます。このため、医療・介護関連の市場は拡大していくと予想できます。したがって、**医療・介護関連の市場をターゲットにする企業は、市場拡大の波に乗って売上高とEPSを増やしていくと期待できます**。

❷市場の中でシェアを拡大している

市場は成長していなくても、そのなかでシェアを高められれば売上高は増やせます。シェアを高められるかどうかの見極めは難しいですが、身近な商品であれば可能です。日常的に利用している商品サービスなど、消費者の立場から企業を見て銘柄選択のヒントを探しましょう。

❸新たな市場に進出している

M&Aなどを駆使して、新たな市場に進出し、売上高を伸ばす方法もあります。**得意な商品を海外市場で展開していたり、異分野の市場に進出している企業に注目してみるのもよいでしょう**。

用語解説

増収増益
売上（収入）と利益（当期純利益等）がともに増えること。増収減益、減収増益、減収減益などの類語もある。長期にわたって株価が上昇するためには、継続的な増収増益が不可欠。

成長市場の例

●介護保険給付費の推移（年度別）

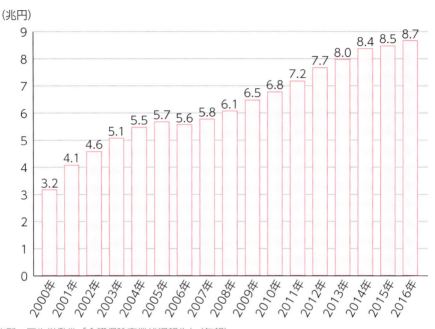

出所：厚生労働省「介護保険事業状況報告」（年報）

➡介護保険給付費は年々増加している。75歳以上の人口が増えるため、国内の介護市場は今後も成長が期待できそう。

拡大する市場で事業を行っていると、新規参入により競争が厳しくなる一方で、事業を拡大するチャンスもたくさんある。特に自社の強みを活かして拡大する市場で戦う企業は有利。

まとめ
EPSが長期的に増加するためには売上の増加が必須になる。売上が増える企業には成長市場をターゲットにするなどの共通点がある。

07 国内で成長する市場って？

人口構成は未来を予測する便利なツール

● 人口構成が未来を教えてくれる

あらゆる商品・サービスは、最終的には人による消費につながりますから、人口の増減が商品・サービスの消費量の増減に影響します。**基本的には人口が増加すれば、商品・サービスの消費量も増加します**。

人口を年齢によって、年少人口、生産年齢人口、老年人口と3分割して捉えてみましょう。食料品のように全世代が共通に消費する商品・サービスもあれば、学習塾や介護サービスのように特定の世代だけが消費するものもあります。したがって、**商品・サービスの種類ごとに注目する世代を使い分けることで、その消費量をより深く理解することができます**。

人口構成は、未来の予測にも役立ちます。例えば0歳の人が現在100万人いるとすると、10年後、10歳の人はおおむね100万人であると予想できます。現在の人口構成から未来の人口構成を合理的に予測できるのです。

● 医療・介護や外国人材向けサービス

日本の人口構成から、老年人口が2045年頃まで増加してくことがわかります。このため、**老年人口が利用するサービスである医療、介護、葬儀などが成長していく市場であると予想できます**。

また、生産年齢人口が減少することもわかります。労働力不足を補うために日本で働く外国人が増えると予測でき、日本語学校や外国人向け住宅、家賃保証などの市場が成長すると予想できます。そして、労働生産性を上げるためのロボット市場も成長するでしょう。

用語解説

年少人口・生産年齢人口・老年人口
年少人口は0～14歳、生産年齢人口は15～64歳、老年人口は65歳以上。現代の日本の実態とは少し合わないが、世界的にこのような区分で整理されている。

人口を様々な角度から見る

●日本の年齢別人口（2017年1月1日時点）とよく消費するもの

出所：総務省統計局人口推計2019年1月報

●日本の老年人口の推移

出所：World Populartion Prospects:The 2017 Revision

まとめ
商品・サービスを消費するのは人である。つまり将来を予測するためのキーファクターは人口構成といえる。

世界は経済成長を続けている
08 海外は人数×単価で拡大していく

● 人口増加で市場拡大

　国内だけでなく海外でも事業展開している上場企業はたくさんあります。海外市場は将来性があるからです。==海外市場の魅力を理解する時も、やはり人口構成が重要なヒントになります==。

　人口構成は国によって様々ですが、なかには若者を中心に人口がどんどん増えている国があります。インドはまさにその過程にあります。

　人口が増加すれば、1日3食、消費される食料が増えますし、衣類や住居も必要になります。道路や上下水道などの社会インフラ、通信サービスなどもより大規模なものが求められます。このように==人口が増加すれば、それに伴って衣食住などに関連する市場が拡大します==。

● 生活が豊かになって市場拡大

　特に==発展途上国においては、1人当たりの豊かさ（1人当たりGDP）にも注目しましょう==。経済が発展し、1人当たりGDPが増えれば、衣食住にかかわる商品・サービスの消費が増えます。例えば、食料品、化粧品、自動車などを、より大量に、より高品質なものを消費するようになります。

　発展途上国は、人口増加に1人当たりGDPの増加を掛け合わせて、市場が拡大します。企業にとって、==現時点では大きな売上にならなくても、将来大きな売上を生むはずです==。

　海外市場で事業展開する企業は、長期的に売上高を増やし続けると期待できます。

用語解説

発展途上国
1人当たりGDPが1万ドル以下の国を呼ぶことが多い。中国は世界2位の経済大国であるが、人口が多く1人当たりGDPは1万ドル以下のため、発展途上国に分類される。

インドの人口と1人当たりGDP

●インドの層別人口（億人）、生産年齢人口割合

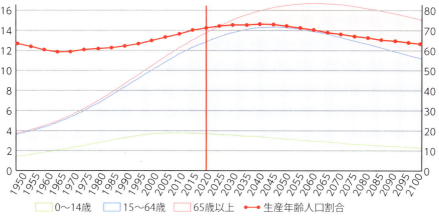

出所：WorldPopulartionProspects:The2017 Revision

●インドの1人当たりGDP（USD）

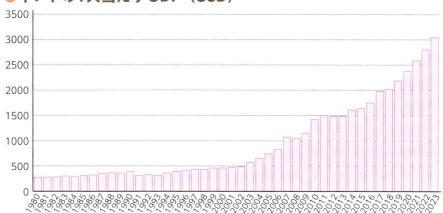

出典：IMF World Economic Outlook Databases（2018年10月版）

まとめ
海外では、人口の増加と1人当たりGDPの増加との相乗効果で、商品・サービスの市場は大きく拡大している。

どちらに投資する？
ディフェンシブ株？ 景気循環株？

09

● 安定した業績のディフェンシブ株

景気には波があり、良い時期と悪い時期が代わる代わる訪れます。しかし、**企業が扱う商品・サービスには景気変動の影響を受けにくいものがあります。**

例えば食料品です。景気が良くても悪くても、毎日お腹がすきますし、喉が渇きます。ですから、食料品の需要は安定しており、景気にかかわらず増えにくく、減りにくい性格があります。**こういう商品・サービスを取り扱う企業をディフェンシブ株と呼び、業績（売上高や当期純利益）が比較的安定しているのが特徴です。**

● 好不調がハッキリする景気循環株

景気変動の影響を受けやすい商品・サービスもあります。例えばリゾートホテルは生活必需品ではなく贅沢品ですから、景気が良ければたくさん消費され、景気が悪くなれば購入や利用が減ります。

自動車や住宅は高価かつ長期間使える耐久財で、シェアリング・賃貸市場も存在します。ですから、景気が良ければ購入が活発になりますが、景気が悪くなれば買い控えが起こります。

こういう商品・サービスを取り扱う企業を景気循環株と呼び、景気によって業績が大きく変動するのが特徴です。

ディフェンシブ株と景気循環株は、どちらが良い悪いということはありません。**ただし、投資先企業がどちらに分類されるかを理解することは、とても大切です。**必ず確認をするようにしましょう。

用語解説

生活必需品
衣食住や通信に関する商品・サービスで、景気の善し悪しに関係なく必要とされる。特に食料品は消費したらなくなるため、安定した需要が期待できる。その代わり、急激に伸びることもない。

ディフェンシブ株 VS 景気循環株

	ディフェンシブ株	景気循環株
業績の特徴	景気の影響を受けにくい	景気の影響を受けやすい
当期純利益の推移するイメージ	利益 安定している／時間	利益 変動が大きい／時間
業種例	食料品や情報・通信業	製造業、不動産業、金融業など
商品の特徴	・生活必需品 ・使ったらなくなる消耗品、サービス	・耐久財 ・贅沢品
商品例	調味料 医薬品	車 リゾート会員権
企業例	キユーピー（食品） 味の素（食品） ダイト（製薬） NTTドコモ（通信）	トヨタ自動車（車） リゾートトラスト （会員制リゾートホテル） 東京エレクトロン （半導体製造装置）

第4章 長期で上がる企業を見つけよう！（ファンダメンタルズ）

まとめ
商品・サービスに対する需要の安定しているディフェンシブ株と、好不況の影響を大きく受ける景気循環株とを区別しよう。

財務基盤をカンタンにチェックするポイント

自己資本比率で不況への強さをチェック

10

● 自己資本比率で財務基盤がわかる

　もしも投資先企業が倒産してしまうと、株価が急落し大きな損失を被ってしまいます。ですから、倒産しない企業に投資しなければなりません。

　それを見極めるチェックポイントのひとつが、自己資本比率です。自己資本比率は、その企業の財務基盤がどれだけ盤石か（倒産しなさそうか）を示す指標で、「自己資本比率＝自己資本÷総資産×100」と計算します。自己資本比率が高いほど総資産に占める自己資本の割合が高く、財務基盤が盤石であるといえます。自己資本比率は、企業が発表する「決算短信」に記載されているほか、会社四季報などにも掲載されています。

　上場企業の自己資本比率は平均40％です。過去に倒産した上場企業の自己資本比率は、マイナスから20％台までの企業が大半です。

● 自己資本比率が低ければ倒産リスクが高まる

　右ページのA社は、資産100を使って事業を行っています。この資産は、銀行借入れなどの負債により調達した資金60と、自己資本により調達した資金40の合計100で購入したものです。この時、自己資本比率は40％になります。不況が来て20の赤字に陥っても、自己資本は20を維持しています。

　B社は、資産は同じ100ですが、負債90、自己資本10で、自己資本比率は10％です。不況が来て20の赤字に陥ると、資産よりも負債の方が多い、債務超過になります。**自己資本比率が高ければ、不況が来て赤字になっても耐えられますが、低ければ倒産するリスクが高まります**。

用語解説

自己資本
資産から負債を差し引いた後に残る株主の持ち分のこと。株主資本といわれることもある。過去に株主が出資した資本金などと、創業以来、会社が得た利益のうち配当せずに残っているものの合計。

自己資本比率が高ければ不況に耐えられる

自己資本比率とは、総資産に対して自己資本の占める割合

$$自己資本比率（\%） = \frac{自己資本}{総資産} \times 100$$

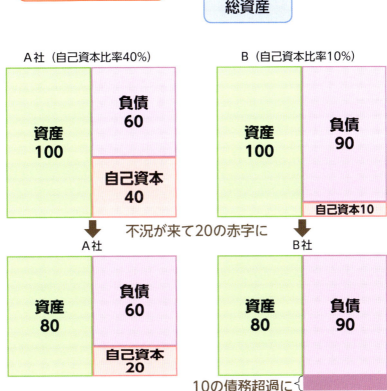

まとめ
自己資本比率は財務基盤を示す。上場企業の平均は約40％で、高くなるほど財務基盤が盤石であるといえる。

練習問題1　事実か期待か……

 個人投資家Xさん、Yさんは、A社の株価500円を割安と考えるでしょうか、割高と考えるでしょうか？

A社

直近期の実績EPS　20円
進行期の予想EPS　30円

Xさんの投資方針

株価を分析する時には、確実性を重視して、直近期の実績という事実をベースにしよう。よって、適正株価は、直近期の実績EPSの20倍の金額である。

Yさんの投資方針

株価を分析する時には、利益の成長期待を加味するために、進行期の予想をベースにしよう。よって、適正株価は、進行期の予想EPSの20倍である。

Xさん：割高である、と考える
Yさん：割安である、と考える

　事実を重視するか、期待を重視するかは、投資家によって異なります。同じ企業でも、投資家によって適正と考える株価は異なり、割安・割高の判断も異なります。

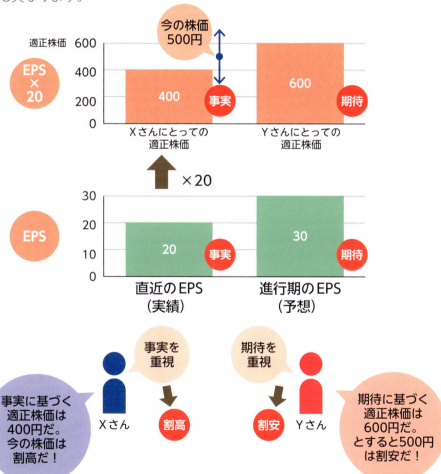

練習問題2　日経平均株価に採用されると株価はどうなる？

日経平均株価は、日本経済新聞社が流動性やセクターバランスを考慮しながら選んだ225社の株価から算出されます。225社にどの企業を組み入れるかは、原則として、毎年10月の第1営業日に見直しが行われます。（採用銘柄の合併、倒産などがあり上場企業でなくなった場合は、臨時で採用銘柄が補充されることがあります。）ある企業がこの225社に新たに採用された場合、その企業の株価に対してどのような影響があるでしょうか？

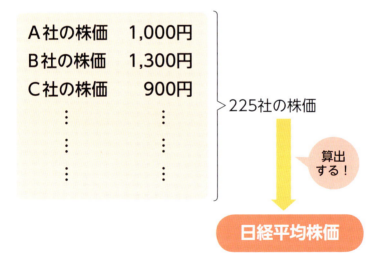

株価にプラスの影響がある

　日経平均株価と同じ値動きをする投資信託（インデックスファンドという）があり、その規模は何兆円にもなります。この投資信託は日経平均株価を構成する225社の株式を購入します。

　よって、日経平均株価の構成銘柄に選ばれた企業は需給が改善し、株価にはプラスの影響があります。

日経平均株価の構成銘柄225社
A社
B社
C社
⋮
⋮
⋮

← 買う

投資信託（インデックスファンド）
多額の資金を運用している

> 例えば日経平均株価に連動する投資信託を買うということは、日経平均株価の構成銘柄225社全てに分散投資するということでもある

※日経平均株価の構成銘柄に選ばれても需給が改善するだけで、EPSには影響がありません（企業の利益が増えるわけではない）。よって、適正株価が上昇するわけではありません。

> 日経平均株価を構成する225社のうち代表的な企業は、ファーストリテイリング（9983）、ソフトバンクグループ（9984）、ファナック（6954）などです。これらの企業の株価が上昇すれば、日経平均株価にはプラスの影響があります。

練習問題3　日本国内で拡大を期待できる市場

 下の表から日本国内で拡大を期待できる市場を2つ選んでください。

① 介護：　**ニチイ学館（9792）**
介護業界トップ。1968年に医療事務受託事業で創業しており、医療事務受託においてもトップ。

日本ケアサプライ（2393）
電動ベッド、車いす、入浴補助用具などの福祉用具をレンタルまたは販売している。三菱商事が親会社。

② 学習塾：　**明光ネットワークジャパン（4668）**
個別指導の補習塾『明光義塾』を日本全国にフランチャイズ展開。黄色の背景に青字の看板が印象的。

京進（4735）
京都、滋賀を中心に個別指導も集団指導も行う学習塾。個別指導はフランチャイズ中心。1975年に「京都進学教室」として創業。

③ 人材（外国人）：**ヒューマンホールディングス（2415）**
人材派遣を行うが、教育事業も行っている。日本語教師の育成と日本語教室の運営、IT人材の育成・派遣にも注力している。

ジェイリース（7187）
住居の家賃債務を保証している。不動産賃貸に関連する支援サービスを提供しており、外国人向けサービスもある。

④ 食料品：　**山崎製パン（2212）**
パンで国内トップ。菓子パンの売上が中心。日本全国の食卓で食されている。子会社に不二家（2211）。

ブルボン（2208）
不朽の名作「ルマンド」などの菓子を製造・販売。新潟本社で新潟県内に8つの工場を構える。

① 介護
③ 人材（外国人）

①老年人口は増加する（P97のグラフを参照）
　➡介護、医療やその関連業界は需要が増加

②年少人口は減少する
　➡学習塾業界は需要が減少

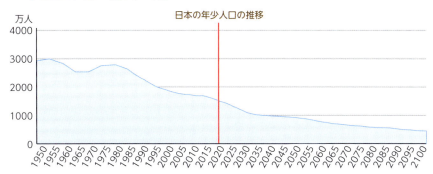

出所：World Populartion Prospects:The 2017 Revision

③生産年齢人口は減少する
　➡人材派遣、外国人労働者、仕事の自動化やその関連業界は需要が増加

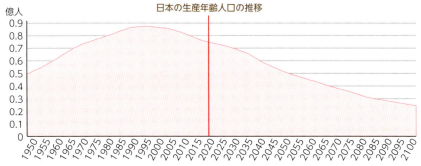

出所：World Populartion Prospects:The 2017 Revision

④日本全体の人口は減少する
　➡食料品に対する需要は減少

Column
テーマ株か、地味な株か

　株式市場では、その時期によって特定のテーマが注目され、そのテーマに関連する企業の株価が上がります。テーマに関連する株をテーマ株と呼んだりします。

　例えば、ロボット、オリンピック、アベノミクス、外国人観光客など、その時々で社会的に注目を浴びているテーマが選ばれます。

　こうしたテーマは新聞、雑誌、インターネットなどでたびたび取り上げられ、新たに設定される投資信託にもテーマを意識したものが出てきます。メディアや、投資信託の販売会社は、テーマがないと発信する情報がワンパターンになるので、テーマを必要としています。

　これらのテーマ株を見ていると、株価が急上昇して華々しいですが、一過性のものが大半です。短期間で大きなリターンを得ようとする投資家にとっては、テーマ株に乗る、ということが大切です。次にどんなテーマが来るのかを予想するため、常に敏感に情報収集しなければなりません。

　一方で、テーマ株は、実態の利益とはかけ離れた割高な株価に上昇することがあります。テーマが脚光を浴びた時には株価がすでに割高になっており、流行が冷めた時には適正な株価水準まで下落します。ですからテーマ株は、タイミングよく買って、タイミングよく売ることが必要になります。企業のファンダメンタルズよりも、チャートに注目しなければならないのです。

　テーマ株で短期的な利益を狙うならばチャート分析を使う。あまりテーマに影響されず、いつの時代にも必要な商品・サービスを提供している地味な株で長期的な利益を狙うならばファンタメンタルズ分析を使う。というように、目的に応じて分析手法を使い分けるのが大切です。

売るべき？待つべき？売り時のポイント

第5章

いつが売り時？
01 目標株価になったら売る

●目標株価を決める

ファンダメンタルズ分析では、売却する目標株価をイメージして買います。基本的な考え方は、<mark>目標株価＝「EPS」×「PER」</mark>です。

❶目標株価に使う「EPS」とは？

<mark>「EPS」には、直近の実績のEPSや、過去10年平均のEPSなど、過去の実績を利用する方法があります</mark>。また、進行期の予想EPSや、会社の経営計画にある3年先のEPSなど、将来の予想を利用する方法もあります。

❷目標株価に使う「PER」とは？

<mark>「PER」には、上場企業平均PER（20倍）を使う方法や、業種平均PERを使う方法などがあります</mark>。上場企業平均PERは覚えやすく計算も簡単ですが、企業ごとの特性を反映できません。業種平均PERは企業の特性を反映できますが、計算が煩雑です（P90参照）。

最初は、直近実績EPS×上場企業平均PER（20倍）を使ってみましょう。

●売る必要のない株を買えたら最高！

<mark>上場企業の中には毎年増収増益となり、EPSが継続的に増えている企業があります。EPSが増えれば、目標株価も上昇します</mark>。

例えば、EPSが毎年10％ずつ増えるなら、目標株価も毎年10％ずつ上昇します。毎年10％も目標株価が上がるなら、多くの投資家は満足でしょう。そのような企業に投資できたら、保有株を売る必要がなくなります。すなわち売る必要のない企業への投資が、最大の成功といえるでしょう。

> **用語解説**
>
> **割高・割安**
> EPSなどのファンダメンタルズに従って計算した目標株価と比べて株価が高いことを割高、安いことを割安、という。この時の目標株価を1株当たり株主価値ということがある。

112

ファンダメンタルズ分析による目標株価

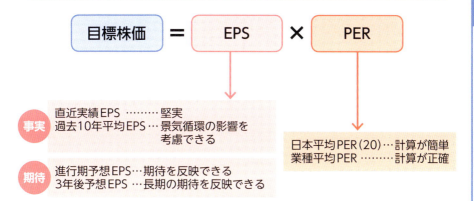

目標株価よりも、今の株価が安いことを割安、
目標株価よりも、今の株価が高いことを割高、という。

目標株価がどんどん上がっていくのが理想

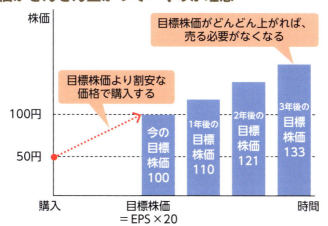

> **まとめ**
> ひとまず目標株価を直近実績の1株当たり当期純利益（EPS）×20で計算してみよう。今の株価より高いか、安いか、比べることが大事。

第5章 売るべき？待つべき？売り時のポイント

02 業績に失望したら目標株価を下げる

●ストーリーに基づく目標株価

投資家は過去の業績や将来の業績予想に基づいて目標株価を設定しますが、特に将来性に重点を置きます。企業がどのように事業展開していくかというストーリーを想い描き、目標株価に反映するのです。

売上高と当期純利益が順調に増加していく経営計画を示す企業ならば、投資家はEPSが増加していくストーリーを想い描きますから、目標株価を高く設定します。逆に、そのような経営計画を示さない企業ならば、投資家はEPSが横ばい、もしくは減少していくストーリーを想い描きますから、目標株価を低く設定します。

●ストーリーを見直し、売る

上場企業は3か月ごとに決算発表を行います。投資家は、そこで発表された業績を、自分が描いたストーリーと比較します。

想い描いていたよりも決算が良ければ、ストーリーを良い方向に修正し、目標株価を引き上げます。例えば、今の株価が70円、当初の目標株価は100円でしたが、好決算を受けて目標株価を200円に引き上げ、継続保有します。

想い描いていたよりも決算が悪ければ、ストーリーを悪い方向に修正し、目標株価を下げます。その結果、今の株価が目標株価よりも高くなることがあります。例えば、今の株価が70円、当初の目標株価が100円とします。この時点では株価は割安です。その後、悪い決算を受けて目標株価を50円に修正しました。そうすると株価は割高になります。その時が売り時です。

用語解説　ストーリー
機関投資家や一部の個人投資家などファンダメンタルズ分析に基づいて投資する者は、企業に対してストーリーを持っている。他の投資家がどのようなストーリーを持っているかを推測するのが大切。

決算を受けて目標株価が変化

●期待を上回る決算だった

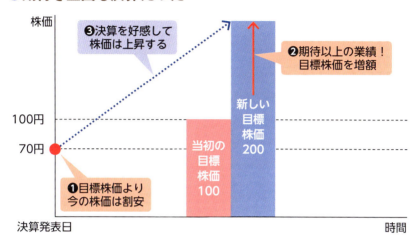

●期待を下回る決算だった

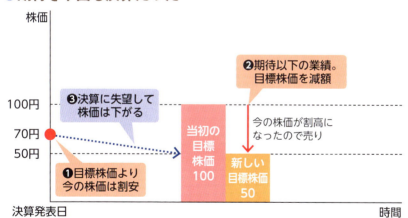

まとめ
決算発表を見て、目標株価を変更しよう。予想以上なら目標株価を上げ、予想以下なら目標株価を下げる。

上方修正、下方修正って何？
03 業績予想の修正への対応は？

● 企業は業績予想を発表する

　上場企業は、「決算短信」に進行期の業績予想を記載しています。義務ではないので記載しない企業もありますし、「○円～○円」のように一定の幅をもたせている企業もあります。企業が自ら予想しているので、アナリストなどによる予想とは異なります。達成できれば上出来という高めの業績予想を出す企業もあれば、必達ラインという低めの業績予想を出す企業もあります。

　業績予想は、ピッタリ的中することはなく、必ず差が生じます。業績予想に比べて、売上高で±10％以上、利益で±30％以上変動することがわかった場合、業績予想の修正が発表されます。事前の業績予想よりも良い業績に修正することを上方修正、その逆を下方修正といいます。

● 業績予想の修正でストーリーを見直す

　業績予想の修正があった時は、自分のストーリーと照らし合わせ、目標株価を見直し、売りかどうかを判断します。

　例えば、今の株価が70円、目標株価を100円に設定しています。業績の上方修正が予想通りであれば目標株価は据え置きます。同じ上方修正でも想定以上の結果であれば目標株価を100円より高く修正し、想定以下の結果であれば目標株価を100円より低く修正します。

　このように、上方修正・下方修正したからといって、必ずそれに比例して株価も上昇・下落するとは限らないのです。あくまで投資家は、自分の持っているストーリーとの比較で業績予想の修正を受け止め、株価が動くのです。

用語解説　決算短信
年に4回発表される。四半期（3ヶ月）ごとの決算日から45日以内に発表される。株式の取引が終わった後の午後3時～4時に発表する企業が多いが、取引時間中に発表する企業もある。

投資家の持つストーリーに応じて株価が反応する

Ⓐ 業績予想の修正が投資家のストーリー通りだった場合

➡ 目標株価は据え置き
➡ 株価はあまり変動しない（織り込み済み）

例 このところ原油価格が値下がりしているから、業績予想よりも実績は上振れするに違いないと思っていた。実際そうなったので、目標株価は据え置くことにした。（上方修正されたが、株価には織込み済）

Ⓑ 業績予想の修正が投資家のストーリーより良かった場合

➡ 目標株価を高く修正する
➡ 株価は上昇する

※仮に下方修正であっても、多くの投資家が予想していたより下方修正額が小さければ株価は上昇する。

Ⓒ 業績予想の修正が投資家のストーリーより悪かった場合

➡ 目標株価を低く修正する
➡ 株価は下落する

※仮に上方修正であっても、多くの投資家が予想していたより上方修正額が小さければ株価は下落する。

例 これまで業績が絶好調で、今期も増収増益になると予想していたところ、売上の伸びが鈍化し、減益となってしまった。そこで目標株価を減額した。（下方修正されたが、株価には織込まれていなかった）

まとめ
業績予想の修正があれば、目標株価を見直そう。予想通りの修正ならば目標株価は変更しなくてよい。

涙をのんで売却するしかない
04 会社が倒産したら、株は売れるの？

●倒産しても株は売れる

　上場企業が倒産しても、株式の売買は可能です。買い手がいないまま（取引が成立しないまま）連続ストップ安となり、株価はどんどん下がっていきますが、いずれ取引は成立し、短期投資家たちの売買が繰り広げられます。

　証券取引所は上場廃止基準を定めており、その中に「銀行取引の停止」や「破産手続・再生手続・更正手続」など、いわゆる倒産が含まれています。

　証券取引所は、上場廃止基準に該当するおそれがある銘柄を監理銘柄として指定します。さらに、上場廃止基準に該当し上場廃止が決定した場合は、整理銘柄に指定します。整理銘柄に指定された場合、原則として1か月後に上場廃止になります。上場廃止になる株式を上場廃止まで保有し続けると、その後、株式を売却するのが難しいので、投資家保護の観点から監理銘柄や整理銘柄に指定して注意喚起するのです。

　保有している株が整理銘柄に指定されたら、あきらめて売却しましょう。

●その他の上場廃止事由

　上場廃止基準では、倒産以外にも株主数が非常に少なくなった場合、流通する株式数が非常に少なくなった場合、債務超過が続く場合、有価証券報告書の提出遅延の場合などが上場廃止事由として定められています。

　上場廃止基準に抵触しそうな状況になると、メディアやインターネット掲示板などで上場廃止が話題になります。本当に上場廃止になるかどうかを見極めるのは難しいので、投資家はリスク回避のために売却し、株価は急落します。

用語解説

連続ストップ安
2日以上連続してストップ安になること。投資先企業が倒産すると連続ストップ安に巻き込まれることがある。3日連続し一定の条件を満たすと、4日目は下限値幅（P49）が2倍になる。

監理銘柄・整理銘柄の例

監理銘柄、整理銘柄は証券取引所のホームページで確認できます。
証券会社の注文画面でも注意喚起されます。

監理銘柄の例 ➡ 上場廃止になるかもしれない

	状況
A社	理由：株式公開買付け（TOB） 上場廃止を視野に入れたTOBが実施された場合。これが成立すれば上場廃止になるため、投資家に注意喚起される。
B社	理由：株式公開買付け（MBO） MBOは、経営陣による株式公開買付のこと。 MBOは上場廃止を視野に入れたものであり、これが成立すれば上場廃止になるため、投資家に注意喚起される。
C社	理由：内部管理体制等について改善がなされていない可能性がある。 不適切な会計処理などが発覚した後、内部管理体制を改善する必要性があるが、改善されなかった場合には上場廃止になるため。

※TOB、MBOについてはP122参照

整理銘柄の例 ➡ 上場廃止になることが決まった

	状況
D社	理由：東証二部において流通株式の時価総額が事業年度の末日において5億円未満であり、1年以内に5億円以上とならなかった
E社	理由：決算において2期連続で債務超過となった
F社	理由：マザーズにおいて売上高が1億円に満たなかった（経常黒字の場合および上場後5年以内である場合は除かれる）

まとめ

上場廃止が決まった株式（整理銘柄）は売却しよう。一方で上場廃止懸念の株式（監理銘柄）は投資のチャンスの可能性もある。

アクシデント発生！
05 事故は買い、不祥事は売り

● 事故・災害は買い

　==事故や災害で、投資先の企業に大きな損失が発生することがあります。悪天候による災害や地震による被害などは、長い目で見ればまず復旧できます==。企業の本質的な競争力は、事故・災害では損なわれないからです。

　そうした時は慌てて売るのではなく、むしろ買いのチャンスではないか、と冷静に考えてみましょう。実際、多くの上場企業が、1995年の阪神・淡路大震災も2011年の東日本大震災も乗り越えて、さらなる成長を遂げてきました。事故・災害が起こると不安心理が高まりますが、そんな時こそ「経営者と従業員が懸命に努力して、よりよい未来を切り開いてくれる」と信じることができる株主になりたいものです。

● 不祥事は売り

　==経営者や従業員の故意や重過失により法令等に違反する不祥事が発生することもあります==。書類改ざん、リコール隠しなど、法的な責任を問われる可能性があります。==特に許認可を得て行う事業では、その許認可が取り消される場合もあります==。

　また、ブランドイメージが傷つくことで一般消費者が離れていきますし、コンプライアンスに厳しい企業が顧客であれば、取引が打ち切られます。

　ただし、本業とは関係のない一時的な損失隠しや、社長の失言でネットが炎上するなどの場合は、本業への悪影響があまりないため、一度は株価が急落するものの、その後回復することもあります。

用語解説

粉飾決算
意図的に虚偽の決算書を作成すること。上場企業の場合、実態よりも利益を多く見せるために行われることがほとんど。非上場企業は節税のために利益を少なく見せたがる。

事故・災害と不祥事を見極める

事故・災害の例 ➡ **買いのチャンス**

A社 海外の工場で火災が発生。死傷者が出た。

➡ 重大な過失は認められなかった。企業は事故原因について可能な限り調査し、再発防止策も実施。真摯な対応を行った。

B社 東日本大震災で工場に浸水。工場の操業が停止。

➡ 避けることのできなかった災害であり、その後、工場は復旧。

不祥事の例 ➡ **売り**

C社 融資審査をするための資料を改ざん。一担当者だけではなく組織内で広範に行われていた。

➡ ブランドの毀損が著しく、監督官庁からの処分を受ける可能性もある。事業に与えるマイナスの影響が甚大と考えられる。

D社 長年にわたり製品の検査データを改ざんし、実際よりも良く見せていた。

➡ 組織的と考えられ、ブランドが大きく毀損。売上減少に直結し、事業に与えるマイナスの影響が甚大と考えられる。

まとめ
企業の本質的な競争力を損なわない事故・災害は、投資のチャンス。ブランドに甚大なダメージのある不祥事は、売り。

第5章 売るべき？ 待つべき？ 売り時のポイント

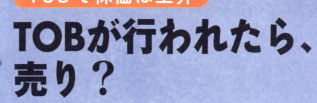

06 TOBで株価は上昇 TOBが行われたら、売り？

●TOBとは、上場企業に対する買収

　上場企業に対してTOB（ティー・オー・ビー）が行われ、株価が急騰することがあります。TOBは、上場企業を買収するときに行われます。

　X社は、魅力的なA社の株を購入し、傘下に収めたいと考えています。しかし、取引時間中にA社株を大量に買い進めると株価がどんどん上昇してしまうので、X社はTOBを実施します。X社は、投資家に対して、A社株を買い付ける条件を提示し、売ってくれるように要請します。①買付期間、②買付価格（1株いくらで購入するか）、③買付価格の算定根拠、④買付予定の株式数などを示すほか、A社の経営陣との関係が友好かどうかも説明します。投資家はこの条件を検討し、X社に保有株を売るかどうかを判断します。

●今の株価よりも高値で買収される

　X社が提示する買付価格は、直近の株価よりも高い価格（＋30～50％程度）に設定することがほとんどです。株主にとってTOBは、持ち株を高値で売却する絶好のチャンスです。ただし、TOBには2種類あります。

　ひとつは、上場廃止を目指すケース（応募があった株を全量買い取る）です。この場合、株価は示された買付価格に近いところまで上昇します。上場廃止になる株を持っていても仕方がないので、売りましょう。

　もうひとつは、上場を維持するケース（一定の株式数を上限として買い取る）です。この場合、応募者全員が株式を買い取ってもらえるわけではないので、株価の上昇が一服した時点で、売ることを検討しましょう。

用語解説　TOB、MBO
Take Over Bid の略。株式公開付け。TOBが行われると、株価が上昇することが多い。持ち株でこれが行われると幸運である。経営陣が主体になって自社の株式を公開買付けすることをMBOという。

株式公開買付けの概要

公開買付けの開始に関するお知らせ（例）

1. 買付けの目的
   A社を完全子会社とすることを目的とします。
   応募のあった株式すべての買い付けを行います。

2. 買付けの概要
   (1) 期間　○年○月○日から○年○月○日まで（30営業日）
   (2) 買付価格　普通株式1株につき、金3,000円
   (3) 買付価格の算定根拠
       ファイナンシャル・アドバイザーによる算定結果は、
       ・市場株価平均法によれば　　2,200円～2,400円
       ・類似会社比較法によれば　　1,800円～2,800円
       ・DCF法によれば　　　　　　2,200円～3,800円
       でした。
       この結果及びその他の事項を総合的に勘案した結果、買付価格を3,000円に決定しました。
       この買付価格は、A社の最近の株価に対して約30％のプレミアムを加えた金額になります。

       注目！ すべての株式が買い取られるため、上昇が期待できる

   (4) 買付予定の株式数
       買付予定数 100,000,000株（**上限**、下限は無し）

3. その他
   A社は、この公開買付けに賛同しています。

   友好的 友好的な買収は非常に成功率が高い

まとめ
TOBは、持ち株を高値で売却するチャンス。2種類（全部買取or一部買取）のTOBがあるので、どちらに当てはまるか注意しよう。

あわてずに！分割すれば株価は下がる

07 株式分割で株価が急落したら、売り？

●株式分割で、株価は下がる

<mark>株式分割とは、例えば1株を2株に分けることをいいます</mark>。A社株を100株所有しており、1株が2株に分割された場合、株式数は200株に増えます。

1株が2株に分割されると、株価は2分の1になります。A社の分割前の株価が1,000円だとすると、分割後は株価が500円になります。株主にとっては、分割前 1,000円×100株＝10万円から、分割後500円×200株＝10万円となるだけで、評価額は変わらず損得はありません。

<mark>株式分割が行われた日は株価が急に下がりますが、損得はないので、驚かないようにしましょう。</mark>

●株式分割は流動性向上が狙い

<mark>上場企業は、株式の売買を活発にし株主数を増やすために株式分割します</mark>。

株式分割すると株価が下がります。取引は100株単位ですから、分割前の株価1,000円だと100株購入するのに10万円必要だったのが、分割後の株価500円ならば500円×100株＝5万円あればA社株を買えます。

個人投資家にとって少ない予算で購入できる企業は魅力的ですから、売買は活発になって流動性が上がり、株主数は増加します。

また、上場審査基準のひとつに株主数があります。東証2部から東証1部へ昇格するには、より多くの株主数が必要となります。<mark>上の市場を目指す企業にとっては、流動性を高め、株主数を増やすことも大切な経営課題のひとつなのです。</mark>

用語解説

流動性
株式の売買がどれくらい活発に行われるかという程度。売買が活発であることを「流動性が高い」、逆を「流動性が低い」という。流動性が低い株はいわゆる不人気銘柄で、株価が上がりにくい。

124

株式分割で持株数は増える

〈分割前〉 株式数100株

100　株価1,000円　株主の資産 10万円

1株を2株に分割

変わらない ＝

〈分割後〉 株式数200株

100　100　株価500円　株主の資産 10万円

株式分割の目的

- 流動性の向上（あまりにも売買高が少ないと、買ってもらえない。流動性が低いと特に機関投資家の投資対象から除外される）
- 株主数の増加（個人投資家にも買いやすい株価として株主数を増やす）➡ 上の市場への昇格を狙う
- 東京証券取引所は1単位（100株）の金額が5万円以上50万円未満の水準を望ましいとしている。

※1株を2株に分割することが多いが、1株を4株に分割する場合や、1株を1.1株に分割する場合などもある。その割合は企業が決める。

まとめ
株式分割には損得がない。ただし、流動性向上により、これまでよりも個人投資家に注目されて、需給が改善する可能性はある。

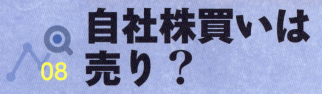

自社株買いは、株価にプラス
08 自社株買いは売り？

● 余裕資金で自社の株を買う

　企業が自社の株を買うことを自社株買いといいます。自社株買いは、企業がこれまでに得た利益を株主に還元する狙いがあり、決算とともに発表されることが多いです。配当金も株主還元のひとつですが、配当金は全ての株主に支払われるのに対し、自社株買いは株を売りたいという株主にだけお金が支払われる点で異なります。

　自社株買いを行う時は、自社株買いを行う理由のほか、①対象となる株式（一般の投資家が保有している普通株式が対象となることがほとんど）、②合計で何株まで買い取るかという上限株式数、③予算（購入する上限額）、④取得期間、が発表されます（右ページの図）。なお、自社株買いを発表しても実施する義務はなく、全く実施されないこともあります。

● 自社株買いは、株価にプラス

　自社株買いが行われると株式数が減るので、当期純利益を山分けする頭数が減ります。これによりEPSが増加しますから、結果として目標株価が上昇します。ゆえに株価にプラスの影響があります。これをきっかけにして目標株価まで株価が上昇すれば、売却しましょう。自社株買いの際には、これまで「売りたい」と思っていた株主がチャンスとばかりに売却します。その結果、売りたい株主が減り、株価は上昇しやすくなります。

　企業は購入した自社株を、保有し続ける、消滅させる（消却する）、将来売り出す、のいずれかを選択します。

用語解説

自己株式の消却
会社は資金が必要になったときに自社株を売却できる。ただし、需給が悪化するため株価は下落しやすい。消却すると売却できなくなるため、株式市場は好意的に受け止める。

126

自社株買いの概要

自己株式の取得に関するお知らせ（例）

取締役会において、自己株式の取得を決議いたしました。

1. 自己株式の取得を行う理由

    株主還元の強化を図るため。

2. 取得に係る事項の内容

    (1) 取得対象株式の種類　普通株式

    (2) 取得し得る株式の総数　100万株（上限）

    　　（発行済株式総数に対する割合　1.0%）

    (3) 株式の取得価額の総額　**10億円**（上限）

    (4) 取得期間　〇年〇月〇日～〇年〇月〇日

> 10億円÷100万株＝1,000円が、自社株買いする株価の目安と考えられる

自社株買いは株価にプラスの影響があるので、悪い決算を発表する時に、株価の急落を緩和させるために自社株買いを同時に発表することもある。

自己株式の取得状況は、毎月1日頃に発表される

まとめ
自社株買いにより株式数が減少し、EPSが増加するため、株価にプラス。これは配当金と並んで大切な株主還元になる。

景気循環株には注意！
09 景気循環株は業績絶好調の時に売る

● 景気循環株は最高益で下がり始める

　不景気になると、景気循環株（P100）は業績が特に悪化します。株価は業績の6か月先を読んで動くといわれます。ですから、業績悪化が明らかになった時には、株価はすでにピーク時の2～3割下がっていることもあります。

　景気は徐々に良くなり、急激に悪くなるという性格があります。景気循環株が業績絶好調で過去最高益を更新しているような時に、実は不景気が始まっており、株価はそれを見越して下がり始めます。気をつけないといけないのは、業績絶好調の時に株価が下がり始めるため、一見、株価が割安でお買い得に見えることです。

　ですから、**景気循環株の売却目標株価は、直近のEPSなど過去最高水準のEPSをベースにするのではなく、過去10年など景気の良い時悪い時の両方を含んだ平均的なEPS水準をもとに設定しましょう。**

● 過去最低水準の業績の時に買う

　逆に業績がどんどん悪くなって、悲観一色になった時が買いのチャンスです。過去の高値水準と比べると半額以下にまで下がっていることもザラです。他の投資家が良い企業もそうでない企業も見境なく売り叩いています。

　業績絶好調時には過去最高の売上高・当期純利益を更新する成長力があり、自己資本比率が高くて財務基盤が安定した企業なら、どん底の業績から大きく切り返します。**他の投資家が最高益に浮かれている時に売り、業績不振で沈んでいる時に買うのが景気循環株との付き合い方です。**

用語解説

自動車販売台数、新設住宅着工戸数
自動車や住宅は製造・販売に関係する企業が多いため、販売数量が経済に与える影響も広範になる。このため自動車販売台数や新設住宅着工戸数は、景気の先行指標として注目される。

景気循環株への投資判断を誤る理由

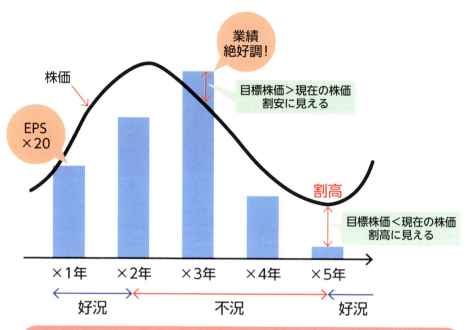

景気の山で割安、景気の谷で割高と間違って判断してしまう！

不況時に狙う景気循環株
- 直近の好況時に、過去最高の売上と当期純利益を達成している
- 財務基盤が安定している（自己資本比率が高い）

まとめ

景気循環株は投資タイミングに注意。業績絶好調の時に売り、不調な時に買う。他の投資家と反対の投資行動が求められる。

日本の株式市場で実はメインプレーヤー

10 外国人が売ったら、売り？

● 海外投資家が売れば株価が下がる

日本の株式市場の売買高の半分以上（2018年であれば約60%）が海外投資家です。また保有金額に関しては、約30%が外国法人等により保有されています（2018年3月末）。これは金額にして約200兆円にもなります。これだけの資金量ですから、海外投資家が売ると日本株は下がりやすくなります。海外投資家には、年金などの長期資金を運用する投資家もいれば、ヘッジファンドなど短期の利ザヤを狙う投資家もおり、それぞれの思惑で売買します。

1990年頃には、事業会社による持合い株式や、銀行、保険会社などによる取引先の株式保有が多かったのですが、時代の経過とともにそのような株式保有は減少し、代わって海外投資家による保有が増加してきました。

● とりあえず日本株を売る

日本の株式市場は、世界地図の中でも極東に位置しています。仮にアメリカで金曜日の夜に大きな経済問題が発生したとしましょう。その後、最初にオープンする世界の主要株式市場は、東京証券取引所です。つまり、機関投資家が最初に行動をとれるのは東京証券取引所なのです。

そのうえ、日本の上場企業は自動車産業に代表される製造業が多いため、景気循環の影響を受けやすく、不景気になれば業績に悪影響が出やすい性格があります。このため、問題が発生したアメリカ市場よりも日本市場の方が大きく下げることもよくあります。日本市場特有の性格を常に意識して、株価の上下動に振り回されないようにしましょう。

用語解説

投資部門別売買状況
海外投資家、個人などの投資部門別に売買した株式数や金額を東京証券取引所がまとめたもの。週間、月間、年間という単位でまとめられており、週間は翌週の第4営業日に公表される。

日本の市場では海外投資家の存在が大きい

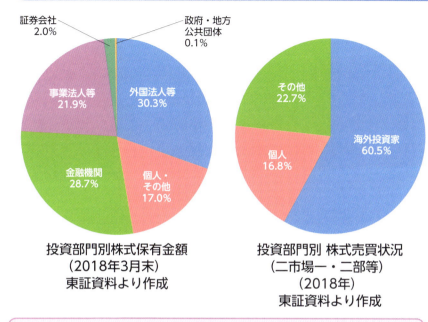

投資部門別株式保有金額
（2018年3月末）
東証資料より作成

投資部門別 株式売買状況
（二市場一・二部等）
（2018年）
東証資料より作成

> 海外投資家の影響を受けやすい。
> 個人投資家より、売買高も保有高も多い。

海外投資家が増える前の1990年頃と比べて…

事業法人など：持ち合い株式は売却。自社株買いは積極的になった。
金融機関（銀行、保険会社など）：持ち合い株式の売却を進めた。
個人：相続した株式を売却。父母は株式投資が好きだったが、子はやらない。

➡ 海外投資家の影響力が強くなっている。

まとめ
海外投資家の動向が株価に与える影響はとても大きい。日本市場は規模が大きく、取引開始が早いため、リスク回避で売られやすい。

第5章 売るべき？待つべき？売り時のポイント

練習問題1　リスク管理のための売り

Q1 次のポートフォリオについて、リスク管理の観点から、どのような問題があるでしょうか？ 2つ挙げてください。

運用額1000万円

A社	輸送用機器（自動車メーカー）	組入額 800万円
B社	電気機器（半導体製造装置メーカー）	組入額 100万円
C社	鉄鋼（高炉メーカー）	組入額 100万円

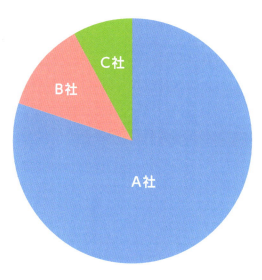

問題点1　特定の企業の割合が多い（組み入れ銘柄数が少ない）

●ポートフォリオのリスク低減効果

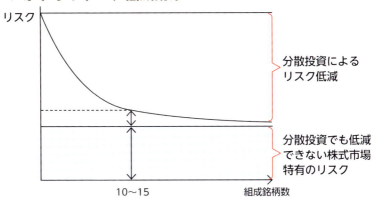

銘柄数を10～15銘柄に分散させることで、1つの銘柄に不測の事態が起こった時のリスクを減らすことができます。これを、ポートフォリオのリスク低減効果といいます。

問題点2　景気循環の影響を受けやすい業種に偏っている

多様な業種に分散したポートフォリオにすることが望まれます。

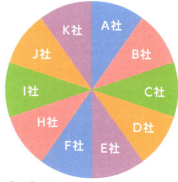

➡ **ポートフォリオのバランスをとるために、保有株の一部を売却しましょう**

練習問題2　株式分割すると株価はどうなる？

A社は、株価400円、当期純利益100円、株式数5株、EPSは20円です。A社は株式の流動性を高めるために、1株を2株に株式分割しました。このとき、株価はいくらになるでしょう？

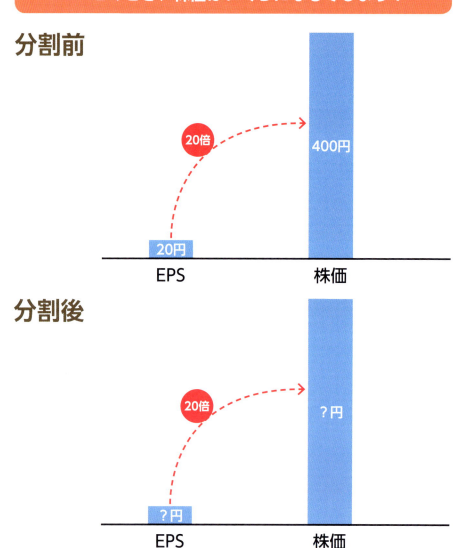

 200円

当期純利益100円
株式数5株

| EPS 20円 | 20 | 20 | 20 | 20 |

↓ 1株を2株に分割

当期純利益100円
株式数10株

| EPS 10円 | 10 | 10 | 10 | 10 | 10 | 10 | 10 | 10 | 10 |

株価とEPSの比率（PER）は、

分割前PER　株価400円÷EPS20円＝20倍

だった。
PERが一定になるように株価が変化するので、

分割後の株価＝EPS10円×PER20倍＝200円

となる！
例えば、分割前に1株保有していた株主の財産額に着目すると、

分割前　1株×株価400円＝400円
分割後　2株×株価200円＝400円

となり、財産は増減しない

➡ **株式分割は株主にとって損得がない**

練習問題3　自社株買いって、どれくらい株価にプラス？

現在C社は次のような状態です。当期純利益100円、株式数10株、EPS10円。Zさんは、売却目標株価をEPSの20倍とする方針なので、売却目標株価は200円に設定しています。ここでC社が5株を自社株買いした場合、Zさんの目標株価はいくらになるでしょうか？

自社株買い前

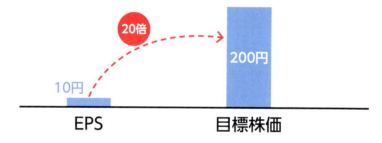

自社株買い後

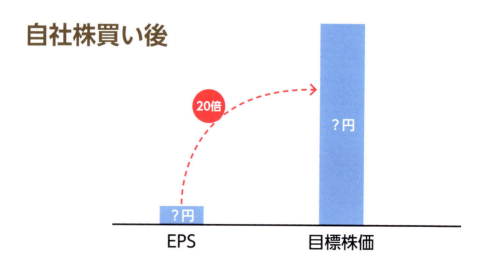

400円

自社株買い前　利益を10株で分け合う

当期純利益100円
株式数10株
EPS 10円

| EPS 10 | 10 | 10 | 10 | 10 | 10 | 10 | 10 | 10 | 10 |

目標株価＝EPS10円×20倍＝200円

5株を自社株買い

自社株買い後　利益を5株で分け合う

当期純利益100円
株式数5株
EPS 20円

| EPS 20 | 20 | 20 | 20 | 20 |

目標株価＝EPS20円×20倍＝**400円**

自社株買いにより目標株価が上昇！

➡自社株買いは、株価にプラスの影響がある

株式数は5株になる。その結果、自社株買いによって、EPSは10円から20円に増加した。

第5章　売るべき？待つべき？売り時のポイント

Column
割安か？　成長か？

　銘柄選択の際、割安性を重視するのか、成長性を重視するのか、というテーマがあります。

　割安性を重視する投資家は、直近の実績EPSなど、過去に起こった事実をベースに株価が割安な銘柄を選びます。そして、なんらかのきっかけで（好決算であったり、自社株買いであったり様々）、投資家が割安な株価に注目し、買いが集まって適正株価に上昇していく、というプロセスで利益を得ようとします。

　事実をもとに銘柄選択しますから、客観性があり堅実ですが、誰にも注目されず万年割安のまま放置される可能性もあります。

　一方、成長性を重視する投資家は、進行期や、2期後、3期後の予想EPSをベースに利益が成長する銘柄を選びます。四半期ごとに増収増益の決算が出れば、その波に乗るように株価が上昇していきますから、そのプロセスで利益を得ようとします。

　将来のEPSという不確実な要素をもとに銘柄選択しますから、銘柄選択が難しく、投資判断の間違いも起こりやすくなります。その代わり、投資判断が当たった時のリターンは大きくなりますし、なにより株式投資の醍醐味を味わうことができます。

　どちらが正しい、というものではなく、投資家の価値観や資金の性格（短期的な資金なのか、長期的な資金なのか）によります。

　このテーマの前提には、「割安な株は、成長性があまりない」「成長性のある株は、割安なものがない」という考えがあります。しかし、ごくまれに成長性があるのに割安な企業もあります。そのような企業を見つけたら、誰にも教えずこっそりと購入し、2〜5年、放置しておけばよいでしょう。

NISAを使って賢く節税しよう！

第6章

利益には税金がかかります
01 株式投資でかかる2種類の税金とは

●株式投資で利益を得ると税金がかかる

　株式投資では、株を保有したり売買することにより得た利益に対して、**所得税や住民税といった税金がかかります**。株を保有することで受け取った配当金に対しては「配当所得」として課税がされます。また、買った株を買値より高く売却して利益が出た場合「譲渡所得」として課税されます。
　買った株を売却して損失が出た場合は税金はかかりません。

●配当金（インカムゲイン）にかかる税金

　配当所得は、保有している株の配当金を受け取る際に税金が自動的に源泉徴収（天引き）されます。源泉徴収されれば、それ以上の税金を支払う必要がありません。ですから配当金については確定申告をしなくても大丈夫です。しかし、配当金以外の所得が少ない人は、確定申告をすれば源泉徴収された税金が戻ってくることもあります。
　また、**株を売却して損失が生じた場合、配当金と売却損を相殺することもできます**（P144）。

●値上がり益（キャピタルゲイン）にかかる税金

　譲渡所得は、保有している株を買値より高く売却した場合、売却益に対して課税されます。税法で定められた方法により自分自身で計算して確定申告をし、納税をする必要があります。ただし、**「特定口座（P142）」を使えば、証券会社の方で損益を計算してくれるので確定申告がとてもラクになります**。

用語解説

インカムゲイン
資産を保有していることにより得られる利益。株式投資の場合は配当金だが、預金や債券の利息、投資信託の分配金、賃貸している不動産の家賃などもインカムゲインである。

140

株式投資では2種類の税金がかかる

配当所得

- 源泉徴収で課税完了しているため何もしなくてよい
- 配当金以外の所得が少ない人は確定申告すると税金が戻ってくる
- 株の売却損がある場合は確定申告すると配当金と相殺できる

譲渡所得

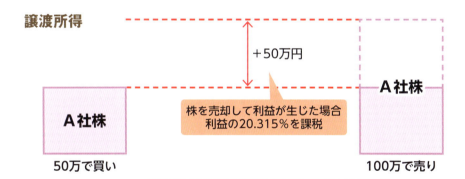

- 確定申告が必要だが、源泉徴収ありの特定口座を使えば確定申告不要にできる

まとめ
株式投資にかかる税金は「配当所得」と「譲渡所得」の2つ。

特定口座でラクラク確定申告！

特定口座なら税計算の手間がはぶける！

02

● 証券会社の口座には「一般口座」・「特定口座」の２つがある

証券会社に口座を開設する際、特段の手続きをしなければ、「一般口座」のみが開設されます。しかし、一般口座は、自分自身で利益の額や税金の額を計算し、確定申告をする必要があります。これはかなり面倒な手続きです。

そこで、そうした手続きを簡素化するための「特定口座」を開設することができるようになっています。

● 特定口座には２つの種類がある

特定口座には「源泉徴収なし」と「源泉徴収あり」の２種類があります。

源泉徴収なしの特定口座は、売却損益（譲渡所得）を証券会社が計算して年間取引報告書を作成してくれます。これを使って確定申告ができるので、計算の手間が省けます。ただし、確定申告自体は自分で行う必要があります。

● 源泉徴収ありの特定口座での売買なら確定申告も不要？

源泉徴収ありの特定口座は、売却損益を証券会社が計算してくれるだけではなく、利益が生じた場合、証券会社が税金を源泉徴収（天引き）してくれます。そのため、確定申告が不要となります。天引きされた税金が戻ってくる場合など必要なときは、確定申告をすることもできます。

なお、損失の来年以降への繰り越しは証券会社が自動的に行ってはくれないので、自分で確定申告する必要があります。

用語解説

一般口座
いわゆる通常の口座のことを、特定口座と区別するため「一般口座」と呼んでいる。証券会社で口座を開設する時は、一般口座が作られる。特定口座を開設したい場合は別途手続きが必要。

一般口座と特定口座

証券会社の口座

一般口座

いわゆる普通の口座。株の売却益や税金の計算、確定申告を自分でする必要がある

特定口座

源泉徴収あり

株の売却益や税金計算だけでなく税金の納付も証券会社が行ってくれる。確定申告不要だが確定申告した方が有利な場合は確定申告することもできる

初心者、初級者にはこれがおすすめ！

源泉徴収なし

株の売却益や税金の計算は証券会社が行ってくれるが確定申告は自分でする必要がある

まとめ
特定口座を作れば、証券会社が損益や税金の計算を代わりにしてくれるのでおすすめ！

第6章 NISAを使って賢く節税しよう！

知らないと大きな損をするかも
03 確定申告でムダを抑えよう

● 株式投資で損失が出た場合は？

1年間の株式売却による損益がトータルでマイナス（損失）の場合、税金が発生しないので確定申告をする必要はありません。

ただし、確定申告をすることで、天引きされている税金が戻ってきたり、将来の税金を減らすことができるなど、税金面で有利に働くことがあります。

● 損益通算と損失繰り越しの2つの制度

売却損が生じた場合の税優遇として、「損益通算」と「損失繰り越し」の2つの制度があります。

損益通算とは、同じ年に生じた株式の売却損と配当金を相殺することです。これにより、配当金を受け取る際に源泉徴収された税金が戻ってきます。

損失繰り越しとは、売却損と配当金を相殺してもまだ損失が残っている場合、それを翌年以降最大3年間繰り越して売却益や配当金と相殺することができる制度です。例えば2019年の損失は、最長で2022年まで繰り越せます。

● 損失を出した時に確定申告をしないと……

注意したいのは、損益通算と損失繰り越しのいずれも確定申告が条件となっていることです。源泉徴収ありの特定口座でも、確定申告は必要です。

なお、同年中の売却損と配当金の損益通算については、源泉徴収ありの特定口座かつ、配当金の受け取り方法を「株式数比例配分方式」としておけば証券会社にて自動的に行ってくれます。

用語解説

株式数比例配分方式
配当金の受け取り方法のひとつ。配当金を証券会社の口座に入金してもらう方法。NISA口座での配当金を非課税にしたり、売却損との損益通算を特定口座内でしてもらうにはこの方法を選ぶ必要がある。

損益通算と損失繰り越し

年間を通じて株の売却損が生じた場合

損益通算 同じ年に生じた配当金と売却損を相殺できる

損失繰り越し 損益通算をしても残った売却損を翌年以降3年間繰り越して、翌年以降の売却益や配当金と相殺できる

損益通算や損失繰り越しは、確定申告をしなければ使うことはできない（源泉徴収ありの特定口座であっても同様）

※ただし、損益通算については源泉徴収ありの特定口座かつ株式数比例配分方式であれば確定申告は不要

今年、売却損500が生じた場合の損益通算、損失繰り越しのイメージ図

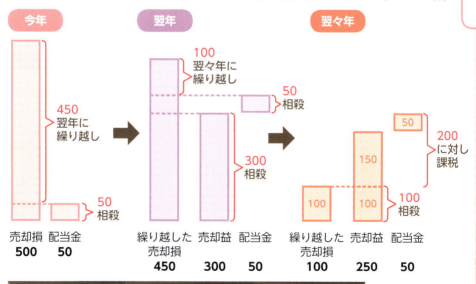

まとめ
株式投資で損失が生じた年や、損失繰り越しをしたいときは確定申告を忘れずに行おう。

第6章 NISAを使って賢く節税しよう！

いくら利益を上げても税金ゼロ！

NISAで買った株は税金がかからない

04

● NISAとはどのような制度か？

株式投資での配当金や売却益に税金がかからなくなる制度があります。それが「NISA（ニーサ）」です。正式には少額投資非課税制度といいます。

NISA口座で投資している総額のことを「非課税投資総額」と呼び、最大で年間120万円×5年＝600万円となります。この投資額に対する配当金や売却益が全額非課税となります。

● NISAは配当金・売却益とも非課税

NISA口座で買った株は原則として5年間保有可能です。この5年間、もしくは売却するまでの間に受け取った配当金や売却した際の売却益が非課税となります。例えば5年間で配当金を20万円受け取れば、20万円×20.315％＝40,630円の税金を支払わなくてよいことになります。

なお、配当金については受け取り方法を「株式数比例配分方式」にしておかないと、非課税とはならないので注意してください。

● NISAで株を買うまでに必要なこと

NISA口座は非課税の恩恵を受けることができる特別な口座であり、1人1口座しか作れません。しかし、年度ごとにNISA口座を開設する証券会社を変えることは可能です。

また口座開設の際、税務署の承認が必要になるため、**申込みから実際に口座が使えるようになるまでにはかなり時間がかかります**。1か月ほどはみておくとよいでしょう。

用語解説

非課税投資総額
非課税となる投資金額のトータルのこと。NISAは1年あたり120万円の非課税枠があり、それが5年間継続する。5年間毎年120万円ずつ投資すると、5年後には最大で600万円が非課税対象となる。

NISAの仕組み

NISAってどんな制度？

- 年間あたり120万円、最大5年間の計600万円を限度に、配当金や売却益にかかる税金が非課税
- NISA専用の口座が必要で、1人1口座しか作れない

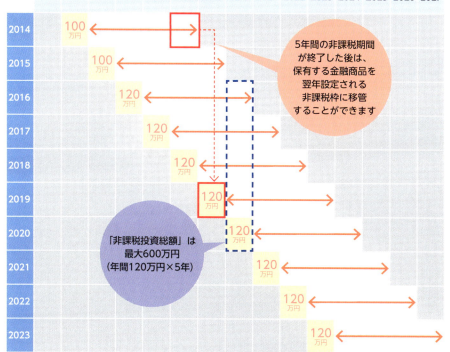

出所：楽天証券ホームページ（https://www.rakuten-sec.co.jp/nisa/）

まとめ
非課税となるNISA口座開設には手続きが必要。時間もかかるので注意。

第6章 NISAを使って賢く節税しよう！

余計な税金を払ってしまうことも……
05 NISAで株式投資・ここに注意

● **NISA口座の株で受け取った配当金なのに税金がかかってしまう?**
　NISA口座で買った株の配当金は、4つの受け取り方法（P52）のうち「株式数比例配分方式」を選んでおかなければ課税されてしまいます。

　配当金の受け取り方法の確認や変更は、証券会社の口座にログイン後、Web上で簡単に手続きすることができます。自分が今どの受け取り方法を選択しているか、一度確認するようにしましょう。

● **NISA口座の株を非課税期間内に売ったらどうなるの?**
　NISA口座で買った株を非課税期間内に売れば、売却益には課税されませんが、売却してしまうと、そこで非課税のメリットは終了となります。一度使った非課税枠が復活することはありません。また、非課税枠を使いきらなかった場合でも、翌年以降に繰り越すことはできません。

　なお、売却した時に損失が生じた場合は、他の利益との相殺や損失の繰り越し（P144）はできず、損失は切り捨てになってしまいます。

● **「塩漬け」株を作りやすいNISAの仕組み**
　NISA口座で非課税のメリットを受けられるのは売却するまでです。そのため、株価が値下がりしても売却せずに持ち続けようという意識が働いてしまいます。その結果、「塩漬け」株を作ってしまっては意味がありません。

　NISAでは株価が値上がりする可能性が高い株を吟味して選ぶ、値下がりしたら損失が膨らむ前に売却する、といった点に十分気をつけましょう。

用語解説

非課税期間
配当金や売却益の非課税期間は5年間だが、「買った時から5年間」というわけではない。例えば2019年11月に買った株は2023年末までが非課税期間。2024年11月までではないので注意。

NISA口座の注意点

配当金の受取方法を「株式数比例配分方式」にしておかないと配当金が非課税にならない

➡受取方法を証券会社の口座画面で確認しておく

NISA口座の株を売却しても、その分非課税枠が復活することはない

➡頻繁に売買するのではなく長期保有が前提

年間120万円の枠を使い切らなかった場合、翌年以降に繰り越せない

➡計画的に買い進め、枠が余らないようにしておく

売却損が生じても他の口座の売却益や配当金と相殺できず、損失は切り捨てとなる

➡値下がりしても損切りを躊躇して塩漬け株を作る結果になりかねないので注意

> **まとめ**
> 非課税の恩恵は利益が出た時のみ。損失の場合のケアも考えておこう。

第6章 NISAを使って賢く節税しよう！

Column
NISAとつみたてNISA

● NISAとつみたてNISAの違い

NISAと似た名前の「つみたてNISA」というものがあります。NISAとつみたてNISAの違いについては図表をご覧ください。（出所：楽天証券ホームページ）

一般NISAとつみたてNISAのちがい

	一般NISA	つみたてNISA
対象者	20歳以上	
運用方法	通常買付・積立方式	積立方式
年間投資上限額	120万円	40万円
非課税となる期間	5年	20年
対象商品	国内株式・海外株式・投資信託	国が定めた基準を満たした投資信託
非課税対象	対象商品にかかる配当金・売却益等	
口座開設期間	2023年開始分まで	2037年開始分まで
金融機関変更	各年ごとに変更可能	

NISAの最大非課税限度額は120万円×5年＝600万円ですが、つみたてNISAでは40万円×20年＝800万円となっています。

NISAとつみたてNISAは、同じ年に同時に使うことができません。NISAでは個別株や投資信託など投資対象が幅広くなっていますが、つみたてNISAは、あらかじめ指定された投資信託の中からしか選ぶことができません。

また、NISAは非課税限度額の範囲内であれば、好きな時に好きなだけ買うことができますが、つみたてNISAは定期的な積み立てが前提の制度となっています。

つみたてNISAで投資できるのは一部の投資信託のみです。個別株に投資するのであれば、つみたてNISAではなくNISAを選択するようにしましょう。

オススメ株主優待

第7章

オススメ株主優待

本書の著者がこれから株式投資を始める皆様のために、おすすめの銘柄をいくつかピックアップしてみました。

1月権利確定	
丸千代山岡家（3399）JQ　いずれか選択	
100株以上	①450円～1,250円相当の優待券2枚、②お米2kg
500株以上	①同4枚、②同4kg
1,000株以上	①同6枚、②同6kg
光・彩（7878）JQ	
100株以上	株主限定オリジナルジュエリー

2月権利確定	
ヨシムラ・フード・ホールディングス（2884）東1　自社グループ製品	
2月末株主	
300株以上	800円相当
500株以上	1,500円相当
2,500株以上	4,000円相当
8月末株主	
2,500株以上	4,000円相当
日本色材工業研究所（4920）JQ	
100株以上	自社開発製造化粧品等

3月権利確定	
明治ホールディングス（2269）東1	
自社グループ製品詰合せ	
100株以上	2,000円相当
500株以上	3,500円相当
1000株以上	5,000円相当

受取りに代えて福祉団体等への寄贈選択制度あり

JQ：JASDAQ　　東1：東証一部

日本ハム（2282）東1
①自社グループ商品
②スポーツ関連グッズ・観戦チケット等
③社会貢献活動団体への寄付　からいずれか選択

100株以上	1,500円相当
500株以上	（3年未満）5,000円相当 （3年以上）7,500円相当 （5年以上）10,000円相当 ※①②③のうちいずれかを選択

ベネフィット・ワン（2412）東1
自社の福利厚生サービス「ベネフィット・ステーション」年間利用（宿泊施設、スポーツクラブ、グルメ等、各種サービス料金割引優待）

100株以上	「株主様コースＡ」
800株以上	「株主様コースＢ」

J-オイルミルズ（2613）東1

100株以上	市価3,000円相当の自社商品

味の素（2802）東1　自社グループ商品等

100株以上	自社グループ食品詰合せ1,000円相当
1,000株以上	（保有3年未満）自社グループ食品詰合せ3,000円相当 （保有3年以上）自社グループ製品6,000円相当または公益財団法人への寄付から選択

パピレス（3641）JQ

100株以上	ギフトコード　自社運営の電子書籍レンタルサイトで利用可能な10,000ポイント（10,000円＋消費税相当）と交換可能

アミューズ（4301）東1

100株以上	①自社主催コンサート・イベント・舞台・映画・試写会等への招待 ②オリジナルグッズの進呈 ※①は応募多数の場合抽選

TAC（4319）東1　10%受講割引券

100株以上	1枚
1,000株以上	2枚

第7章　オススメ株主優待

オリエンタルランド（4661）東1
「東京ディズニーランド」「東京ディズニーシー」いずれかで利用可能な1デーパスポート

100株以上	1枚（3月末保有株主のみ）
400株以上	1枚
800株以上	2枚
1,200株以上	3枚
1,600株以上	4枚
2,000株以上	5枚
2,400株以上	6枚

セントラルスポーツ（4801）東1　優待券

100株以上	3枚
200株以上	6枚

東映アニメーション（4816）JQ　キャラクタークオカード

100株以上	1,200円相当
300株以上	2,400円相当
500株以上	3,600円相当
1,000株以上	6,000円相当
3,000株以上	9,600円相当
5,000株以上	12,000円相当
10,000株以上	14,400円相当

マンダム（4917）東1　自社商品

100株以上	5,000円相当の自社商品詰合せ

コタ（4923）東1　自社製品（髪質にあった好みの製品をカタログより選択可）

100株以上	5,000円相当
500株以上	8,000円相当
1,000株以上	12,000円相当
2,000株以上	15,000円相当
3,000株以上	19,000円相当

エステー（4951）東1　自社製品詰合せ

100株以上	1,000円相当（3月のみ）
1,000株以上	3,000円相当

MARUWA（5344）東1　コンサートへの招待他

100株以上	①MARUWA　CHRISTMAS　CONCERTへの招待 ②文化・芸術のアーティスト公演などの公演チケット優待 ③軽井沢MARUWAアカデミーヒルズ宿泊優待

ジェイ　エフ　イーホールディングス（5411）東1

100株以上	自社グループの工場見学会を実施

元旦ビューティ工業（5935）JQ

100株以上	屋根の無料診断（点検）及び屋根工事（金属屋根・シート防水・建材一体型太陽光発電）の20％割引

コマツ（6301）東1

300株以上	自社製品の「オリジナルミニチュア（非売品）」 ※毎年3月31日において3年以上保有の株主対象

日本電産（6594）東1

全株主	「日本電産サンキョーオルゴール記念館すわのね」無料入館リーフレット

ハピネット（7552）東1　カタログギフト

100株以上	1品
500株以上	2品及びこども商品券2,000円分
1,000株以上	3品及びこども商品券5,000円分

ニチリョク（7578）JQ　墓石工事代金割引他

100株以上	①霊園購入に際し墓石工事代金の10％割引（一部の霊園を除く） ②株主優待価格での葬儀施行（首都圏・名古屋・鹿児島地域） ③堂内陵墓代金3万円引 ④仏壇購入代金の10％割引 ⑤ラステル安置料金1泊分無料

エイベックス（7860）東1　イベント優先予約他

①a-nation優先予約・割引制度

100株以上	＜保有年数3年未満＞0% ＜3年以上＞10% ＜5年以上＞20% ＜10年以上＞30%
300株以上	＜3年未満＞10% ＜3年以上＞20% ＜5年以上＞30% ＜10年以上＞40%
1,000株以上	＜3年未満＞20% ＜3年以上＞30% ＜5年以上＞40% ＜10年以上＞50%
②100株以上	優待品

タカラトミー（7867）東1　株主割引他

3月末・9月末株主

100株以上	（1年未満）10％割引 （1年以上）30％割引 （3年以上）40％割引 ※タカラトミー公式通販サイト「タカラトミーモール」にて保有期間に応じて自社商品等を割引。利用上限額10万円。株主名簿の当初取得日により保有期間確認。

3月末株主

100株以上	トミカ特別企画2台セット
1,000株以上	同4台セット
2,000株以上	同4台セットとオリジナルリカちゃん

JSP（7942）東1

100株以上	3,000円相当の社会貢献寄付金付オリジナルクオカード

河合楽器製作所（7952）東1

100株以上	自社主催「カワイコンサート」に招待

日本郵船（9101）東1　「飛鳥クルーズ」10%割引優待券

100株以上	3枚
500株以上	6枚
1,000株以上	10枚

テレビ東京ホールディングス（9413）東1　（3月末時点株主）

100株以上	3月末株主：①オリジナルクオカード 　　　　　　②公開歌番組に抽選招待 9月末株主：公開歌番組に抽選招待

東映（9605）東1　株主優待券（年2回6枚綴り）

100株以上	1冊
200株以上	2冊
400株以上	4冊
700株以上	6冊
1,300株以上	8冊
2,000株以上	10冊
4,000株以上	20冊
6,000株以上	30冊

ソフトバンクグループ（9984）東1　割引他

100株以上	①ソフトバンク携帯電話/タブレット端末の利用料金が6ヶ月間割引 ②インターネット（光、ADSL、ワイヤレスサービス）の月額利用料金の基本料が6ヶ月間割引 ③ワイモバイル携帯電話の利用料金が6ヶ月間割引

4月権利確定

ベルグアース（1383）JQ

100株以上	①メロン（3,000円相当） ②クオカード（1,000円分）

5月権利確定	
ウェザーニューズ（4825）東1　自社有料コンテンツの無料利用権	
100株以上	1名分
5万株以上	5名分
10万株以上	10名分

6月権利確定	
カゴメ（2811）東1　半年以上継続保有株主　自社商品詰合せ ※10年以上継続保有株主には、自社オリジナル記念品を贈呈（1回限り）	
100株以上	2,000円相当
1,000株以上	6,000円相当

7月権利確定	
バルニバービ（3418）東マ ※長期保有株主に利用金額割引など追加優待あり。その他株主限定イベント等あり	
100株以上	食事券（2,000円分）1枚もしくはオリジナル商品
300株以上	同2枚もしくはオリジナル商品

8月権利確定	
フェスタリアホールディングス（2736）JQ	
100株以上	自社オリジナルジュエリー
300株以上	自社オリジナルジュエリー10,000円分の買い物券
600株以上	自社オリジナルジュエリー20,000円分の買い物券

9月権利確定	
オイシックス・ラ・大地（3182）東マ　限定商品もしくは寄付から選択	
100株以上	北海道産ななつぼし450g＋ごはんのお供（国産旨しお海苔、鮭焼きほぐし身、海老ふりかけ）　または、北海道胆振東部地震への寄付から選択
1,000株以上	北海道産ななつぼし1kg＋ごはんのお供（国産旨しお海苔、鮭焼きほぐし身、海老ふりかけ）または、北海道胆振東部地震への寄付から選択

東マ：東証マザーズ

10月権利確定	
パーク24（4666）東1　駐車サービス券 ※駐車場「タイムズ」、「タイムズ　カーレンタル」、「タイムズ　スパ・レスタ」で利用可	
100株以上	2,000円分
1,000株以上	5,000円分
5,000株以上	10,000円分

11月権利確定	
キユーピー（2809）東1　自社商品詰合せ　3年以上継続保有株主	
100株以上	1,000円相当
500株以上	2,000円相当
1,000株以上	3,000円相当 500株以上保有の株主向けに、年2回施設見学会（応募多数の場合は抽選）

12月権利確定	
竹本容器（4248）東1	
100株以上	自社が企画開発したオリジナル容器を包装容器に使用した特選品

第7章

オススメ株主優待

159

著者

日根野 健（ひねの けん）

公認会計士、株式会社アクションラーニング代表取締役。 1979年大阪府生まれ。大阪教育大学附属高校平野校舎卒、京都大学教育学部卒。大手監査法人に勤務した後、株式会社アクションラーニングを設立。毎週開催の株式投資オンラインセミナーは、わかりやすくて面白い視聴者参加型セミナーとして定評があり、累計500回超、参加者数延べ5万人超になる。個人投資家が企業に共感し長期投資することは、資産形成だけでなく、生涯学習、社会参加でもあるという理念「世界を変える、ひとりになろう」を掲げる。上場企業を実際に訪問してまとめた記事や、社長への直接インタビュー動画を、ポータルサイト「バリュートレンド」で提供している。公認会計士としてIPOを目指すベンチャー企業のアドバイザー、社外役員も務める。
長期投資家のためのIR情報サイト「バリュートレンド」https://e-actionlearning.jp/

足立 武志（あだち たけし）

公認会計士、税理士、ファイナンシャル・プランナー（ＡＦＰ）。足立公認会計士事務所代表、株式会社マーケットチェッカー取締役。 1975年神奈川県生まれ。一橋大学商学部経営学科卒。株式投資・資産運用に精通した公認会計士として、執筆活動、セミナー講師などを通じ、個人投資家に対して真に必要・有益な知識や情報の提供に努めている。現在、楽天証券にて個人投資家に向けた株式投資や税金のコラムを連載中。
『株を買うなら最低限知っておきたいファンダメンタル投資の教科書』『株を買うなら最低限知っておきたい株価チャートの教科書』『株式投資 悩んだときの解決帳』（いずれもダイヤモンド社）、『現役公認会計士・足立武志のやさしい株の教室』（日経ＢＰ社）、『それは失敗する株式投資です！』『超実践・株価チャート使いこなし術』（ともに日本経済新聞出版社）、『はじめての人の決算書入門塾』（かんき出版）、『知識ゼロからの経営分析入門』（幻冬舎）など著書多数。
公式ブログ「公認会計士足立武志ブログ」https://kabushiki-adachi.com/
無料メールマガジン「上位10％の負けない株式投資」http://makenaikabushiki.com/lp_mail/

イラスト●石井朋美
DTPデザイン●宮下晴樹（ケイズプロダクション）
編集協力●山田稔（ケイズプロダクション）
編集担当●小髙真梨（ナツメ出版企画株式会社）

賢く稼ぐコツがわかる！ 株のはじめ方

2019年 8月 1日 初版発行
2021年 3月30日 第4刷発行

著 者	日根野健	©Hineno Ken, 2019
	足立武志	©Adachi Takeshi, 2019
発行者	田村正隆	
発行所	株式会社ナツメ社	
	東京都千代田区神田神保町1-52 ナツメ社ビル1F（〒101-0051）	
	電話 03(3291)1257（代表）　FAX 03(3291)5761	
	振替 00130-1-58661	
制 作	ナツメ出版企画株式会社	
	東京都千代田区神田神保町1-52 ナツメ社ビル3F（〒101-0051）	
	電話 03(3295)3921（代表）	
印刷所	広研印刷株式会社	

ISBN978-4-8163-6690-1　　　　　　　　　　　　　　　　　Printed in Japan

〈定価はカバーに表示してあります〉〈落丁・乱丁本はお取り替えします〉

本書に関するお問い合わせは、上記、ナツメ出版企画株式会社までお願いいたします。

本書の一部または全部を著作権法で定められている範囲を超え、ナツメ出版企画株式会社に無断で複写、複製、転載、データファイル化することを禁じます。